JN207719

2訂版

Communication

コミュニケーション力

人間関係づくりに不可欠な能力

渡邊　忠・渡辺三枝子

はじめに

　企業が社員を新規採用する際に求める能力の調査では、ここ数年「コミュニケーション力」がトップを占めています。このことは、企業や官庁、団体などで新規採用者と既採用者、管理職との間で、コミュニケーション上の何らかの不具合が生じていると感じられているからなのでしょう。ところが、「コミュニケーション力」とひと言で表現されていますが、具体的にはどういう能力なのかは、この用語を使う人によって様々なようです。

　「敬語が使えず、顧客や上司に友達口調で話す」、「論理的でなく何が言いたいのかわからない」、「わかったのかどうかの返事がない」、「『はい。わかりました』と返事はいいが、実際はわかっていない」などはまだしも、「都合が悪くなると黙ってしまう」、「上司や先輩にちょっと怒られると、すぐ泣くか逆ギレする」、「飲み会に来ない」などの執務態度や対人関係に関することまで含まれているようです。この場合に限らず、コミュニケーションという言葉はそれぞれの人がいろいろな意味を込めて使っています。しかし、「ところでコミュニケーションってどういうこと？」と改めて問われると、「ウッ」と応えに詰まってしまうのも現実です。もし、その心理学的な原理とそれに基づく対応原則がわかれば、前述のような「不具合」の予防や対処ができ、仕事がスムーズに進むだけでなく、より充実した人間関係や自分づくり、人生づくりをも促進できるかもしれません。

　そのような思いもあって、2011 年に企業や官公庁、施設などで働く人たちはもちろん、それを目指す学生、家庭や地域で生活されている方々などを対象に「コミュニケーション力　人間関係づくりに不可欠な能力」を出版いたしました。しかしその後の十余年で〝コミュ

ニケーション "をめぐる事態は、ますます広範で複雑で深刻なものに
なってきているようです。そこでこの度、最近の状況を加味して改訂
版を作成することにしました。本書に込められた私どもの経験と知識
が、読者の皆様の日々の活動に少しでもお役に立つことができれば幸
いです。

　2024 年 5 月

著　者

目　　次

第1章　今なぜ「コミュニケーション力」なのか

1 コミュニケーションに何が起きているのか ………………… 8
　（1）企業や公的機関で ……………… 8
　（2）教育・医療・福祉の現場で ……………… 9
　（3）地域・家庭で ……………… 10
2 背景には何が ……………………… 12
　（1）社会経済的な効率至上主義 ……………… 12
　（2）過剰な情報の処理 ……………… 14
　（3）権威的価値の相対化、多様化 ……………… 15
　（4）「ヤマアラシ・ジレンマ」症候群の増加………… 17
3 何が問題か …………………………… 20
　（1）コミュニケーションの効果性の低下 ………………… 20
　（2）精神的ストレスの増加 ……………… 22
4 何が必要か ………………… 24

第2章　そもそもコミュニケーションとは？

1 コミュニケーションは心の世界の共有と影響関係の過程………… 28
　（1）コミュニケーションを定義すると ………………… 28
　（2）コミュニケーション定義の6つのポイント ………………… 30
2 コミュニケーションのらせん状プロセス・モデル ………… 42
　（1）基本的構成要素のプロセス ……………… 42
　（2）「送り手」内のメカニズム……………… 43
　（3）「受け手」内のメカニズム……………… 43
　（4）らせん状のフィードバック・プロセス ……………… 44

第3章 コミュニケーション力のポイントは？

1 「送り手」のとき気を付けること ……………………………………… 48
（1）自分の心の内面世界の意識化を ……………………………… 48
（2）「記号化」と「メッセージ」構成を適切に………………… 53
（3）「メッセージ」内容に応じた適切な「表現手段」の選択………… 60

2 「受け手」が気を付けること ……………………………………… 62
（1）受信の「チャンネル」の不具合 ……………………… 62
（2）「解読」の段階での不具合 …………………………… 63

第4章 コミュニケーション力向上の基本は？

1 コミュニケーションは努力して身に付けるもの ………………… 66
2 自分の言いたいことを相手にわかるように伝えるには ………… 68
（1）うまくいかない自己表現のタイプ …………………… 68
（2）うまくいく自己表現のタイプ ………………………… 71
（3）アサーティブな言い方の練習 ………………………… 73

3 相手の言わんとすることを正確に受け取るには？ ……………… 77
（1）「聴く力」の大切さ………………………………………… 77
（2）聴く力とは ……………………………………………… 78
（3）カウンセラーの態度・技法の応用 …………………… 82
（4）聴き上手は話し上手 …………………………………… 87
（5）「聴くこと」の効用………………………………………… 88
（6）「聴き方」の練習………………………………………… 89

第5章 コミュニケーションするのは何のため？

1 自分の要求や期待を成就する ……………………………………… 98
（1）指示・命令のコミュニケーション …………………… 100
（2）説得のコミュニケーション …………………………… 109
（3）協議・交渉のコミュニケーション …………………… 118
（4）相談のコミュニケーション …………………………… 125

2 相手との関係をつくり維持するため ……………………… 134
　（1）人間が関係を必要としてきた経緯 ……………………… 134
　（2）対人関係の基礎にある感情の構造 ……………………… 135
　（3）「好意」感情の発生条件 ………………………………… 137
　（4）対人関係の発展段階 …………………………………… 139
　（5）対人関係の発展の原動力 ……………………………… 141
　（6）対人関係の崩壊 ………………………………………… 143
3 自分づくりのため ……………………………………………… 145

第6章 コミュニケーション力を活かす場面

1 職場で ………………………………………………………… 150
　（1）関係づくりの難しい人とのコミュニケーション ……… 150
　（2）リーダーシップとコミュニケーション ……………… 160
　（3）チームワークとコミュニケーション ………………… 169
2 様々な相談機関で ……………………………………………… 184
　（1）公的機関で働く人々が直面する困難 ………………… 185
　（2）公的機関の目的の達成とコミュニケーション力 …… 190
　（3）利用者とのコミュニケーションの鍵 ………………… 190
　（4）特別の支援を必要とする人とのコミュニケーション … 194
　（5）他の機関とのコミュニケーション …………………… 197
　（6）指導場面でのコミュニケーション …………………… 198
3 メンタルヘルス支援において ……………………………… 200
　（1）メンタルヘルスとは …………………………………… 200
　（2）ストレスとメンタルヘルス …………………………… 202
　（3）ストレスへの対処としてのコミュニケーション …… 204

参考文献 ………………………………………………………… 209
索引 ……………………………………………………………… 210

第1章

今なぜ
「コミュニケーション力」なのか

　本題に入る前に、現在あるいはこれから、私たちの社会でコミュニケーションをめぐる問題はどうなっているのか、その背景には何があるのか、そして何が必要かをみておきたい。

　なお本書で「コミュニケーション」というのは、主に人と人とが顔を合わせて行う対面的なコミュニケーションを意味する。

1 コミュニケーションに何が起きているのか

（1）企業や公的機関で

まず企業や官公庁などの公的機関でのコミュニケーションには、何が起きているのだろうか。

2000年前後のインターネットの普及にともない、2016年には政府（総務省、厚生労働省、経済産業省、国土交通省）の肝いりでいわゆるテレワーク（情報通信技術：ＩＣＴ（Information and Communication Technology）を活用した、場所や時間にとらわれない柔軟な働き方のこと）が勧められた。その後2019年からの新型コロナウイルス感染症のまん延もあって在宅勤務が増え、導入が広まったが、その功罪は様々である。連合（日本労働組合総連合会）の2020年の「テレワークに関する調査2020」によるとデメリットとして37.6％の人が「上司、同僚とのコミュニケーションが不足する」を挙げている。

職場で対面的なコミュニケーションの機会が減り、個人の仕事の時間が増えることは、仕事面で「話さなければと思うが、機会（時間）がない」、「相談したいが誰にも聞けない」、「話し合ったが時間がなく、わかってもらえたのかどうか……」、「大事な情報をもらえなかった」などの状態になってくるだろう。

また、人間的なコミュニケーションの機会である、職場の人たちとの勤務時間外のつきあいや飲み会も個人個人の時間が合わせにくくなっている。バブル経済が崩壊するまでは、どこの職場でもやっていた泊まり掛けの慰安旅行も、今ではすっかり下火になった。

その結果、上司、部下、また同僚間で、互いの意思の疎通や情報の伝達・共有が不足して業務に差し支えたり、ミスや事故に結び付いたりするかもしれない。

対面的なコミュニケーション機会の減少は、同時にその「質」にも影響する。つまり、５Ｗ１Ｈ（When（いつ）、Where（どこで）、Who（誰が）、What（何を）、Why（なぜ）、How（どのように）のこと）のような事柄や意見がきちんと共有できていなかったり、話すときの表情や声のトーンで、言外に伝わる感情や意図も伝わりにくくなったりする。そのため、本心で思っていることや感じていることは、公の場では極力言わなくなる。言う場合も、「自分って、そういうの下手じゃないですか」、「後で電話とかします」など、微妙に自分自身の責任から距離を置いた間接的な表現になる。上司から叱られたり注意されたりすると、その場は「わかりました」と一見神妙に受け流すが、一定の距離を踏み越えて怒られると「逆ギレ」して食って掛かる。いわばコミュニケーションに「丁寧」さが不足する。

　これらによって心に生じる不全感が、ややもすると相手に対するネガティブな感情に結び付く。パワーハラスメントやモラルハラスメントに発展したり、他方で自分自身の意欲を低下させたり、メンタルな病気に陥る恐れもある。

（２）教育・医療・福祉の現場で

　コミュニケーション力が問題になっているのは、企業だけではない。学校では生徒たちが、自分の気持ちを言葉で表現できずに「いじめ」に発展したり、教師の理念や姿勢と、生徒、保護者の考え方、価値観の違いがコミュニケーションによって調整されないことが、いわゆる「学級崩壊」や「モンスター・ペアレント」問題の原因になったりしかねない。

　医療現場でも、患者の処置や処方する薬の情報が、治療チーム内のコミュニケーション不足で正確に伝わらず医療事故を呼んだケース、患者の顔も観ずに「ここの治療に不満があるならほかの病院に行った

ら」などという医師の言葉が、不安で過敏になっている患者の心を傷付けるケースなどが生じている。これに似たケースは福祉の現場でもみられる。ここでもコミュニケーションに「丁寧」さが不足しているのである。

（3）地域・家庭で

　地域社会ではどうだろうか。2022年の国勢調査の結果では1世帯平均の人数が減り続け、1990年には3.01人だったものが1.92人になった。一方、生涯未婚率（50歳時）が年々高まりつつあり、単身所帯が増え、個人化、孤立化する「無縁社会」（ＮＨＫ）や「孤族」化（朝日新聞）が進んでいる。その余波は「ホームレス」や「孤独死」の増加という問題に現れている。若者の一部にみられると報道された「伊達マスク」（風邪を引いていないのにマスクで顔を隠す）や「トイレ飯」（1人ぼっちで食事をしているところを知人に見られたくないため、「トイレの個室」で食事をする）現象もその一端かもしれない。

　家庭でも、家族間の生活時間のズレや個室化が進み、やや古いが夫婦間のコミュニケーション時間が「平日では1時間未満」という人が3割を超えるという調査結果もあった（図1-1）。親子、夫婦間で話し合えたとしても、生活態度やお金の使い方、将来設計、教育方針など、考え方の食い違いやすい話題は、お互いに納得するのはなかなか難しい。

　また、家族それぞれが関わる会社、地域、学校でのストレスが家庭に持ち込まれると、一層コミュニケーションを取りにくくする。

　したがって、ある一線を超えて相手の心の領域に踏み込まない、相手の嫌な面には触れず、それに対する自分の気持ちにふたをして、話題は日常生活の当たり障りのない外側の出来事や、それについての考えが主になり、「同居人」状態になることもある。極端な場合は、人

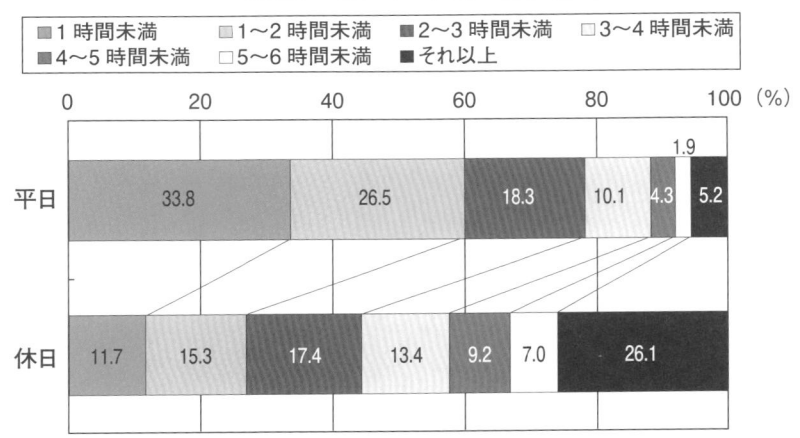

（出典）株式会社日本能率協会総合研究所「家庭内コミュニケーションに関する調査」(2009)

図1-1　妻とのコミュニケーション時間

間関係に自信がなくなり、ある日突然自分の部屋にこもって人との関わりを自ら絶ってしまう「ひきこもり」になるか、配偶者や内縁関係で起こるＤＶ（ドメスティック・バイオレンス）を含む「家庭内暴力」（ファミリー・バイオレンス）に発展する可能性も出てくる。やはりコミュニケーションに「丁寧」さが不足している。

　もちろんこれらは現代のコミュニケーション状況の負の面のみを取り上げてきており、個別にはうまくいっている、あるいは問題ないケースのほうが多いと思われる。

●最近、あなたの身近な人とのやりとりで、コミュニケーションのすれ違いや誤解が生じたときのことを思い出し、書き出してみましょう。

2 背景には何が

（1）社会経済的な効率至上主義

　1でみた状況の背景には、1991 年のバブル経済崩壊以降、産業界全体のグローバル化や規制緩和などの社会的・経済的な環境の急速な変化に対応して、企業や公的機関、病院、学校などが同業との競争に生き残り、消費者、住民、学生などのユーザーの期待や要求に応えるために推し進めている経営効率化の傾向がある。

　つまり「無駄」な人、もの、金、作業、時間を可能な限り削ろうとする傾向である。特に企業にとって現状維持は、他企業に追い抜かれることを意味する。

　その結果、職場では人件費の抑制策によって正規社員や職員が減り、その代わりに非正規社員（パート、アルバイト、派遣社員など）が増えた。勤務体系も多様化し、個人の業績重視に基づく人事考課が導入された。また仕事の個別化が進み、お互いの協力や援助はしにくくなる。ちょっとした「無駄」な会話や世間話さえもはばかられ、いわゆる「人間関係の希薄化」現象が生じた。

　また効率化を進めるために、組織内のイントラネットや組織外とのインターネットを通じてのネットワークシステムや電子メールシステムが導入された。いわゆるＩＣＴである。これは当初、対面的なコミュニケーションに費やす「人」の物理的な移動や時間の効率化を図り、その不足を補う意味があった。しかし、徐々にＩＣＴなしでのビジネスやコミュニケーションは考えられないほど、脇役が主役になっていった。

　ＩＣＴでは対面性を補う意味で、テレビ会議やインターネット経由のテレビ電話など、画像と音声を伴ったものに進化している。また、

電子メールのほか、LINE（ライン）、X（エックス）やFacebook（フェイスブック）などが世界中の人々のコミュニケーション・ツールとして活用されているが、あくまでパソコンやスマートフォンの画面を通じての文字や画像、音声による情報の伝達がメインである。人と人との直接的な対面場面とは違い、人間の感情や意図、パーソナリティなどの微妙な情報は伝わりにくい。

　人間同士のコミュニケーションには、単に事柄情報が行き交うだけではなく、それを発する、あるいは受ける人の感情、意図、パーソナリティなどの交流が伴う。これらの人間的な情報が不足すると、言葉の微妙なニュアンスや暗黙の意図などがわからず、事柄情報の正確な共有に支障をきたす。

　わが国の総人口1億3千万人弱に占める全就業者（企業人、公務員、教育関係者、医療関係者、福祉関係者など全ての就業している人）の割合は約5割である。この5割の人たちの、職場でのコミュニケーション状態から派生する心理的な不全感は、直接、間接に家庭や地域の人たちのそれにも影響していると思われる。

　若者の「スマホ依存症」も、デジタルネットワーク・システムによるコミュニケーション・ツールのなせる技だろうが、彼らはこのツールを使って相手と対面する緊張を避けるとともに、電子メールでは感情語や擬音語、絵文字を使って人間的な情報を交換する本能的な知恵を働かせている面もある。

●あなたは、いわゆるＩＣＴ普及の功罪についてどう考えていますか。「功」と「罪」に分けて書き出してみましょう。

（2）過剰な情報の処理

　200 年ほど前にヨーロッパで産業革命が起こり、生産活動は飛躍的に増えた。会社や工場という人為的な組織はもちろん、公的な学校なども整備され、それによって人間の活動範囲も飛躍的に広がった。それ以降、現代に至るまで電話や無線通信機、パソコン、携帯端末などのコミュニケーション・ツールを通じて、直接対面していない人とのコミュニケーションが爆発的に増えてきた。インターネット上のサービスも、LINE、X、Twitter、mixi（ミクシィ）、Facebook、Instagram（インスタグラム）、YouTube（ユウチューブ）など、次々と生み出されている。

　総務省の 2019 年の調査によると、社会に流通する情報量は年々 2 割弱ずつ増えているという。しかし、その中から人々が選択し利用する消費情報量は 1 万分の 1 で、伸び率も 6％程度という。また同省は、広義のテレワーカー（職場以外でも、仕事でＩＣＴを日常的に利用できる環境にある人）を増やす政策を進めているが、就業者に占めるその割合は、2016 年の 34.7％から 2021 年は 54.3％と約 1.6 倍に増えている（国土交通省、2021）。

　現代人にとって、自分の周りを雲や霞のように飛び交う情報の中から、自分に必要な情報を探し出し、選ぶという情報処理作業に使う心身のエネルギーは相当なものだろう。実際、携帯端末（パソコン、スマートフォン、タブレットなど）を身近に置いている限り、24 時間どこでも用事が追い掛けてくる。電子メールを送り、返ってきた内容を読み、また返事を考えて送信するのに費やす時間は膨大なものになっている。交渉ごとや意見の調整は、直接リアルタイムで話したほうがよほど少ない時間で済む場合も多い。

　人間の脳の容積は、直立原人が出現して以降の 50 万年で大きくはなっていない。脳細胞の数も増えていない。脳の情報処理能力は、1 つひとつの脳細胞同士の結合の密度によるが、それも無限大ではない。

そろそろ限界なのかもしれない。

　人が自分以外の誰かとの、対面的なコミュニケーションに心を許す時間やエネルギーは確実に減っている。それは同時に、無意識に心のうちに不全感をため込むことになるのだろう。

（3）権威的価値の相対化、多様化

　企業や公的機関、病院、学校などの組織体では、経営効率化の一環として、旧来の終身雇用・年功賃金制度などの固定的な秩序は大きく崩れつつある。例えば、採用の年次や年齢、性別に関係なく、実績を上げたり専門性を高めたりした人ほど、高地位や高給を保証される。自分より若い人が上司になり、昨日までチーフでいた人も業績が上げられなければ、明日から平社員ということも生じる。このような組織内の権威関係に関する価値の相対化は、お互いの心情的な抵抗を生み、コミュニケーションの正確さや納得性に影響を及ぼすこともあるだろう。

　社会全般でも、政治家や高級官僚、検察・警察、経営者の不祥事が、そして原子力発電、宇宙開発、航空、鉄道など高度な技術システムでの事故が続発している。そのたびに責任者が「申し訳ありませんでした」と謝罪する姿をテレビ画面で見ることが多い。それは、社会的な権威の価値を相対的に低下させている。

　また子供にとって、生きるということの身近なモデルとしての親や教師の価値も同様に低下している。生きている経験の少ない若者に、一様でない多様な価値を提示し、それとの葛藤を通じて自我（自分らしさや自信、自己統制能力など）を形成していけるようにするのが、親や教師の役割とされてきた。しかし、特に 1970 年代後半からの安定成長期からバブル経済崩壊を経ての「失われた 10 年」は、様々な価値が多様に変動した。自分なりの価値に自信のもてない親や教師は、

子供の未熟な価値に合わせてしまった。また、自分の体験に裏打ちされない借りものの価値や、逆に自分の個別的体験のみに依拠した価値を一方的に子供に押し付けがちだった。

　そのような似非価値を見破ってしまった子供や若者たちは、「偉そうなこと言ったって、大人だって結局大したことないじゃん」という思いから、世の中に確かに信用できるものがないという、ある意味で自由だが、それゆえの「実存的不安」を抱くことになった。しかたなく「ジコチュー（自己中心)」（自分自身を基準として世の中の全てを解釈するため、自分を客観視することや、自分とは異なる価値観があることを理解できない人）になったり、「オタク」化したりする者が出てきた。また、マスメディアや口コミでもてはやされるアイドル（多数が支持する価値)や、単純明解な価値を提供する「教祖」や「カリスマ」に同一化していかざるを得なくなった。中島梓が 1991 年に「コミュニケーション不全症候群」と名付けたこれらの現象は、既に 1970 年代から各世代に引き継がれ、若者だけでなく大人世代の価値の混乱にも現れている。

　このような個人の言動の背景にある価値の相対化、多様化の問題も、人が相互に理解し合おうとすることを難しくしている。

> ●あなたは、このような権威の相対化や多様化の功罪についてどう考えていますか。「功」と「罪」に分けて書き出してみましょう。

（4）「ヤマアラシ・ジレンマ」症候群の増加

心の内側では、人に受け入れられたい、仲良くしたい、近付きたいという気持ちがあるのに、近付くと傷付けられそうで怖いので近付けない。心理学ではこれを、針の毛皮を付けたヤマアラシの心境になぞらえ、「ヤマアラシのジレンマ」と呼んでいる。

この心境は、前述した事象の相乗的な結果でもあるが、情緒、特に人間関係で生じるネガティブな怒り、悲しみ、嫉妬などの感情や、不安、緊張、不満などの気持ち（これらは基本的に「不快」なものである）をできるだけ表に出さない、あるいはそれらに触れないで過ごそうという傾向である。

従来、このネガティブな感情の処理の仕方を学ぶのは、子供のときに親をはじめとする兄弟姉妹などの家族間、それ以外の近所の大人や友だちとの間で、ケンカや悪さなどのトラブル処理や競争をし、そして修復、仲直りする体験の過程での実地訓練によってであった。

ところが戦後のわが国では、3世代以上同居が普通の「大家族」が、親子2世代又は夫婦のみの「核家族」、1人の「孤族」へと変化するとともに兄弟姉妹の数も減った。この少子化傾向は、家庭の中で親の価値観や生き方の影響を子供が一身に受けることになり、他の価値との相対化を難しくする。

また、1970年代以降の経済の安定成長によって、世の中が豊かになるにつれて、子供が望むものやこと、場合によっては望まないものやことまで与えられ、周囲の環境に自分を合わせるよりも、環境を自分の都合の良いものに合わせる生活様式が当たり前になった。そして、子供に対しては「我慢」や「待つ」はほとんど使われなくなった。

　1970年代後半に登場したテレビゲームや、その後のファミコンゲーム、オンラインゲームによる子供の一人遊びも蔓延している。さらに、2003年に成立した個人情報保護法の拡大解釈によるプライバシー侵害への過敏な反応から、近所づきあいへの警戒や拒否が広がり、地域活動も湿りがちである。

　これらの状況は、年齢、性別、価値を超えた集団の中で、自然な調整能力を訓練する機会を奪ってきたと考えられる。つまり、同世代や異世代の他人と対面的に交わり、ほかの人の助けを借りながら価値観や感情のレベルまで真剣に話したり応えたりして関係を調整したり修復する、場合によっては「我慢」する、そういうコミュニケーションの場が急激に失われている。ゲームなどのバーチャルなトラブル体験だけでは、それは充足されない。

　この訓練不足の結果、子供や若者たち、そして一世代前の親の何割かは、傷付けられた心の修復方法がわからなくなった。自分が傷付くことへの極端な警戒心と、傷付いても誰も理解も治してもくれないだろうという孤立感を抱いている可能性がある。それなら、できるだけ不愉快で、面倒な事態にならないように「空気を読んで」、ネガティブ感情をグッと飲み込むか深く話さないほうが、当面は楽なわけである。よく言われる「指示待ち」の姿勢も、自分であれこれ考える教育を受けてこなかったことの影響もあるが、自己主張をして、波風を立てたくない気持ちの現れでもあろう。

　一見クールで当たり障りのないつきあいをし、ときには皆の前では

にぎやかで明るく振る舞う「傷付きたくない症候群」は、内面の孤立への不安や現実の不満、ムカツキを、こうして何とかカバーしていると思われる。反面、この訓練不足は、ある限界を超えたときの感情の制御ができずに逆ギレを起こしたり、相手を傷付けることの予測ができずに、自己中心的な行動に走ったりする者を生み出してもいる。

　以上の4つの背景要因以外にも、人間の活動に関わる様々なことが考えられるが、それらは複合的、重層的に人と人とのコミュニケーションに影響している。

3 何が問題か

　これまで述べたことと多少重複するが、このようなコミュニケーション状況で問題になることを整理しておこう。

　直接対面することが少なく、お互いの心に深く関わらないサラリとした希薄な人間関係におけるコミュニケーションは、一面で「職制上の上下関係」「長幼の序」「親子」といったタテ関係重視の血縁・地縁的な煩わしさから解放され、水平的、事務（契約）的なドライなものになる。つまり、職場や学校、家庭で気の合わない人、煙たい人とは、必要最小限、事務的に付き合うか避ければいいので、かなり気が楽になりそうである。

　しかし、ことはそんなに簡単ではないだろう。文明がいかに進歩し情報処理技術が発達しても、人間のものの見方や考え方、つまり好き嫌い、善悪などの価値観が均一になることはないだろう。脳内で快・不快や恐怖などの情動（感情の動き）を司る扁桃核が退化するか、それをコントロールしたり、喜怒哀楽などの複雑な感情や価値判断をしたりする前頭連合野の機能が異常に発達しない限り、人が人について抱く感情は消えることなく人間を悩ませ続けるのだろう。

　この希薄な関係から予想される問題の１つは、人と人との間でのコミュニケーションの効果性の低下であり、もう１つはその延長線上にある個人の精神的ストレスの増加と、それによる意欲の低下である。この２つは、仕事や生活上のミスや事故を誘発したり、人とのトラブルを引き起こしたりする。そして、当人を社会的な適応が難しい状態に追い込みかねないものである。

（1）コミュニケーションの効果性の低下

　コミュニケーションの定義については次章で詳しく述べるので、こ

こでは「お互いの意思や気持ちを共有し合うこと」としておく。その「効果性」とは、事柄的側面で仕事の処理や課題の解決について望ましい結果が出せることと、人間的側面で当事者同士が納得し、満足感や達成感、あるいは信頼感をもてるということである。

　前述した様々な背景要因が絡んで、職場や家庭で、自分の伝えたい事柄や意思や気持ちが相手に正確に伝わらず共有できなかったり、相手の意向がうまく理解できなかったりすると、課題が相互に満足のいく形で解決されず互いに不満が募り、修復にも時間が掛かるだろう。

　例えば、「部下は上司の言うことに逆らうべきでない」という価値観をもつ中年のA課長（男性）にとっては、入社したての若い女性の部下B子さんから会議の場で、「それとかは、あたし的には……したほうが全然効率的じゃないですか」などと言われれば、心穏やかではなくなる。思わず「10年早いんだよ。そういうことを言うのは！」と言いたくなるだろう。

　客観的にはB子さんの言うことが的を射ていたとしても、A課長は素直に認めたくなくなるし、その後のB子さんへの態度は冷たくなりかねない。その結果、課題も適切に解決されないし、上司と部下の関係もギクシャクしてしまう。

　上司の立場からすれば「えっ、そんなこと聞いてないぞ」、「これぐらいのことは自分で判断しろよ」と思い、部下からすれば「何で、そんなに頭ごなしに言われなきゃならないんだ」、「前に言ってたことと違うじゃないか」、同僚間でも「こっちが苦労してるのをわかっているんだから、少しは協力してくれてもいいのに」……などの思いは日常的に湧いてくる。

　このようなネガティブな感情というものは、ムラムラとほとんど自動的に湧いてきてしまうので、理性的な「意志」でコントロールするのは難しい。しかもそれは後を引き、一度味わった嫌な「感情」はな

かなか消えてくれない。後で事情がわかって修復しようとしても、かなりの努力と時間を要することになる。

　当然のことながら、関係者とのコミュニケーションがギクシャクすれば、その分仕事が滞る。場合によっては注意力が散漫になり、仕事のミスや事故に結び付きかねない。

●あなたがＡ課長ならＢ子さんを育てる観点から、Ｂ子さんの発言に対してどのように言いますか？

（２）精神的ストレスの増加

　コミュニケーションがうまくいかず、ネガティブ感情が頻発する状態は、精神的ストレスが増えることでもある。

　厚生労働省が毎年行っている「労働安全衛生調査（実態調査）」（2022年）では、「仕事や職業生活に関する不安やストレスに関する事項」についての個人調査で「現在の仕事や職業生活に関することで強い不安、悩み、ストレスとなっていると感じる事柄がある労働者」の割合は82.2％（前年調査では53.3％）に上っている。その事柄の内容（10個の選択肢から３つ以内の複数回答）をみると、「仕事の量」（36.3％）が最も多く、次いで「仕事の失敗、責任の発生等」（35.9％）、「仕事の質」（27.1％）、そして４番目に「対人関係（セクハラ・パワハラを含む）」（26.2％）が挙がっている。

　また、日本能率協会が2021年に行った「コロナ禍における『コミュニケーション』の実態調査」によると、テレワーク経験者の33.7％が「職

場ではコミュニケーションがうまくとれていない」とし、また70.7%が「コミュニケーションがとりづらいためストレスが増えた」と応えている。

　これらは職場の上司・部下間、同僚間のコミュニケーションのありようがもたらす結果であり、精神的なストレスや仕事意欲に強く影響していることがうかがえ、結果として、組織の機能や業績にも影響すると考えられる。

　企業に限らず、個人化して流動的な近未来の社会では、自分の判断や行動が適切なのかどうか、自分のあり方、生き方がこれで良いのかどうかなどについての疑問や不安、いわば「実存的ストレス」に対して、自らの責任で選択あるいは決定する場面が多くなる。このようなストレスも、信頼できる人とのコミュニケーションの中で考えることができれば、個人のメンタルヘルスを脅かすことにはならないだろう。

●最近、あなたが強いストレスを感じたときのことを思い出し、その原因を書き出してみましょう。

4 何が必要か

　これまで述べてきたようなコミュニケーションの問題事態への対処には、何が必要なのか。「②背景には何が」で述べた4つの背景要因のうち、「社会経済的な効率至上主義」と「過剰な情報の処理」そのものを変えることは、1個人の努力はもちろん、グローバル化の進んだ現代では、1国の政府でももはや不可能だろう。せめてできるのは、組織あるいは個人が対面的コミュニケーションの場を意図的につくることだろう（これについては、第6章で触れる）。

　また、「権威的価値の相対化、多様化」と「『ヤマアラシ・ジレンマ』症候群の増加」については、個人あるいは集団レベルでの対応が可能であると考えられる。従来、これらの背景要因に対しては様々なトレーニングが行われてきた。例えば、一般的な話し方、聞き方の研修、リスニング（傾聴）に特化したカウンセリングのトレーニング、アサーション（相手とWin-Winの関係をつくる自己主張）や交流分析（TA）のトレーニング、社会生活技能トレーニング（SST）、コーチング（相手が目標を達成できるように、気付きを与えたり自主的な行動を促したり、サポートをする指導法）やアンガーマネジメント（怒りの感情などと上手に付き合うための心理教育）の研修などである。

　これらの多くは、「こういう場合には、こういう表現（あるいは受け止め方）をすれば良い」といった技術・技能的なやり方のトレーニングである。それらの技術の根元には「コミュニケーション」の基本的な概念があるはずである。しかし、この基本的な概念、つまり心の構造やメカニズムに基づいたコミュニケーションの原理や、本章でみてきたコミュニケーションを取り巻く事態や背景要因についての理解を図ることをトレーニングに含めているものは少ない。

　これらの理解がないまま技術を使うことは、いわゆる「付け焼き刃」

で、ポロリと欠けやすい。つまり、習った技術に効果がなかった場合に、コミュニケーションの基本的な概念がわかっていないと、なぜうまくいかなかったのか、その理由（原因）が理解できず、食い違いの修復の方法を自分で考え、臨機応変に対応することができない。まさに「コミュニケーション力」が培えない。

　本書は、このような認識のもとに、まずコミュニケーションの基本概念を理解した上で、各種の技術を活用する構成をとっている。次章では、早速コミュニケーションの定義と構成要素、プロセスなどの原理について述べることにする。

第2章

そもそもコミュニケーションとは？

　第1章では、現代に生きる私たちが職場で、学校で、家庭で、地域で毎日行っているコミュニケーションの主にマイナス面についてみてきた。

　本章では、その根元にあるコミュニケーションとは、そもそもどういうことなのかについて、心理学的な観点から考えてみたい。

1 コミュニケーションは 心の世界の共有と影響関係の過程

(1) コミュニケーションを定義すると

　近年、産業界を中心に「コミュニケーション力」が取り沙汰され、日常でも私たちは「コミュニケーションを図る」、「コミュニケーション不足」、「コミュニケーションは難しい」など、コミュニケーションという言葉を頻繁に使っている。コミュニケーションとは、そもそもどういうことなのだろうか。

①定義の前提

　コミュニケーションについては、学問的には主に社会心理学で研究されてきた。しかし、その定義は学者によって微妙に異なり、学者の数ほど定義の仕方があるともいわれる。

　それらの定義の種類は大きく3つに分けられる。1つは、何らかの意味を送り手（話し手）から受け手（聞き手）に伝達し「共有する過程」とするもの。2つめは、送り手が受け手に何らかの「影響を及ぼす過程」とするもの。そして3つめが、送り手と受け手が応答し合うことによって人間的な相互理解による「関係が作られる過程」とするものである。もちろん、どれか1つが正しいという性質のものではなく、コミュニケーションには3つの機能が並存し、その時々の場面によって各機能の出番に濃淡があると考えるべきものだろう。

　ここで使われている「過程」という言葉も重要である。英語ではプロセス（process）という。辞書には「物事が変化・発展していくみちすじ」（大辞林）とあり、物事は絶えずダイナミックに影響し合い、連続的に変化し動いていくという見方が根底にある。つまり、1つの始めと1つの終わりで完全に独立して区切られる事象は世の中に存在し

ないと考える。

　コミュニケーションも一見すると、ある話題の始めと終わりで区切られるように思える。しかし実際は、それ以前の様々な関係や思いがつながってその場面と話題になり、終わった後もその体験は新たな関係や思いにつながっていく。したがって、コミュニケーションを学ぶには、それなりの覚悟が必要である。

　もう1つ重要な前提は、いろいろな定義に共通するコミュニケーション状況を構成する基本的要素である。『インターパーソナル・コミュニケーション』を著した深田博巳（2009）は、諸説を通観して次の5つを挙げている。

　送り手　　　：心の中に起きた何らかの「目的」を、言葉などの「記号」
　　　　　　　　にし、発信する人

　メッセージ：「記号」にした内容

　チャンネル：「メッセージ」を伝える手段と受け取る感覚器官（通信路）

　受け手　　　：送り手から発信された内容を「チャンネル」を通じて受
　　　　　　　　信し、「解読」し、何らかの「反応」をする人

　効　果　　　：送り手が受け手に及ぼす影響

　これらを図示すると図2－1のようになる。

図2-1　コミュニケーションの基本的要素

②定義

　さて、いよいよ定義である。ここではアメリカの社会心理学者バーロー（Berlo, D. K., 1976）やデヴィートゥ（DeVito, J. A., 1986）の定義を参考に、次のように考えてみたい。

①ある人（送り手）が、何らかの目的なり意図を果たすために、

②それに関連する心の内面の様々な働きの一部を選択して、

③記号化してメッセージを表現し、

④それに応じたチャンネル（通信路）を通じて送り、

⑤それを他の人（受け手）と共有し、影響を与えようとする過程で、

⑥その結果、両者の間に、何らかの関係の変化が生じる

　つまりコミュニケーションとは、上記の一連の行為となるだろう。ただ、これだけではもうひとつピンとこないので、1行ずつもう少し詳しい解説をしておく。

（2）コミュニケーション定義の6つのポイント
①送り手には目的なり意図がある

　新生児は、誕生と同時に大人と同じレベルの知識をもっていて、同じレベルの言動ができるわけではない。最近の研究では、赤ん坊は胎内にいるときから既に母親の声や外界の音を聞き分け、その記憶をもって生まれてくると言われているが、肉体的にはほとんど無力で生まれてくる。したがって胎外に出れば、親など誰かの世話がなければ生きてはいけない。赤ん坊が笑うのは、そのときの心地良さや満足を伝えようとしており、泣くのは空腹感や不快感を取り除きたいという意思を、つまり生きるために意思を伝えようとしているといえよう。

　その後、幼児から児童へと身体的な発達に伴って行動範囲が広がり、

関わる人や環境の範囲も広がる。「これ何？」、「どうするの？」、「どうして？」などの問いから知識を増やし、それらを組み合わせて考えることを学ぶ。そして社会的、物理的環境との間で生じる様々な問題を処理する知恵を身に付け、人との関係の持ち方や役割の果たし方などに適応することも学ぶ。また、自分と他人の区別をし、相手の心のうちを推し測り、次第に独自の人格を形成していく。

　これらの行為の基本的な目的は「生存」のためであり、人間社会に「適応」するためであり、人間として「成長」するためであると言える。そして、その目的達成のための重要なツールが、他人あるいは自分とのコミュニケーションなのである。

　特に人間社会への「適応」という点について、ある個人にとってのコミュニケーションの目的を4つの側面からもう少し探ってみよう。

　その第1は、「わーっうれしい」、「そんなぁー」、「すごーい」など個人の喜び、悲しみ、感動、不満などの感情を表現することで心の緊張を緩和させる発散、気晴らしを目的とした側面である。これは必ずしも相手を必要としないが、相手がいればその反応から学ぶことも多くなるし、相手にも何らかの影響を及ぼすことになる。

　第2は、もう少し実利的なもので、自分の要求や期待を成就することを目的とした側面である。「例の企画書、明日の午後の会議に間に合うように頼むよ」、「今月は家計が赤字になりそうだから、来月は、お弁当持っていって」など、相手に対してある行動をすることを求め、何らかの影響を及ぼすことによって自分の要求を満たそうとするものである。私たちが職場や学校、家庭などで日常行っているコミュニケーション活動の主要な目的はここにあるといえよう。これについては第5章の①でさらに詳しく検討する。

　第3は、個人的な安心を対人関係の中で得ることを目的とした側面である。「私は○○○だと思うけど、あなたはどう思う？」など、自

分の心理的な経験（感じたこと、考えたことなど）が他の人と比べてどの程度同質なのか異質なのか、孤立して浮いているのか、受け入れられているのかを確かめる。それによって、相手や仲間との関係をつくったり、維持したりするためのものである。これについては第5章の②でさらに詳しく検討する。

　そして第4には、社会的承認を獲得し、自分らしさをつくることを目的とした側面である。「私が現地に行ったことは、何かあなたのお役に立ちましたか？」、「ええ、おかげ様で、あの件はうまくいきました。ありがとう」、「そう言ってもらえると、私もやりがいがありますよ」といった会話である。これは職場や家族などの人間関係の中で、自分の位置、立場、役割など、いわゆるアイデンティティ（自分の存在意義、自分らしさ）を確かめることで、社会的な関係での安定を得ようとするものである。これについては第5章の③でさらに詳しく検討する。

　この4つは、別々に追求されるというよりは、1つのコミュニケーション行動に重複して含まれていると考えるべきであろう。

②心の内面の様々な働きの一部を選択する

　次は「心の内面の働き」である。これは送り手が前項①の「目的」を追求したり達成するために、他の人に伝えようと思う心の中の「想念」のことである。その中身は、どういう要素から成り立つのであろうか。

　18世紀ドイツの哲学者テーテンスは、人間の「心の働き」を「知」「情」「意」の3つの領域に分けて考えた。この時代は、まだ脳科学が発達していなかったが、この分類は意外に科学的である。

　「知」とは、大脳新皮質の前頭葉や側頭葉が司る知性（思考、判断、創造、記憶など）の働きのことで、具体的には私たちのもっている知識、考え方（価値観、信念）、意見、アイデアなどを指す。

　「情」とは、大脳辺縁系（快・不快や恐怖などの情動を司る扁桃核や興

奮などに関わる視床下部）と前頭連合野（喜怒哀楽などの複雑な感情や価値判断をする）が司る感情（情動も含む）と気分（憂うつ、不快、安心、心地良い、緊張など）のことである。

　「意」とは、まず脳の奥深くにある視床下部で「生きよう」という「欲」として発生し、大脳辺縁系で感情が加わり「意欲」になり、さらに大脳皮質で知性が加わって「意志」、「意図」や「期待」となる心の働きである。

　ちなみに、これら「知」「情」「意」の関係を火山になぞらえて表したのが図2−2である。火山の奥底には「情」があたかもドロドロのマグマのようにうごめいている。その上部にはやや冷めた「意」があり、火口近くは完全に冷めた「知」がふさいでいる。「情」のマグマが、例えば「イライラ」うねりだすと、「意」も「知」も揺さぶられ、やる気や冷静な判断が危うくなる。「情」の怒りで堪忍袋の緒が切れると、「意」も「知」も吹き飛んでしまうこともある。

　もちろん「知」と「意」が頑張って、「情」をうまくなだめすかし、コントロールすることもできる。ただ、「情」は心の働きのエネルギー源なので、「情」のうねりを完全に押さえ込むことは、非常に難しい

図2-2　心の世界の３領域

ということは読者の皆さんも経験済みであろう。

　このように、これら「知」「情」「意」は、互いの境目も曖昧である。それぞれ独立して働くわけではなく、常にその瞬間、瞬間に入り混じり、連動していると考えられる。

　また、このうちの「情」と「意」を表す言葉を集めたのが表2-1である。これらは硬い漢字ばかりで、実際は多様な柔らかい表現がたくさんあるだろう。読者の皆さんでどんどん補っていただきたい。

　これらの「心の内面の働き」で、もう1つ考慮しなければならないことがある。それは、人間は心の中に思った「知」「情」「意」を、そのまま全て外に向けて表現しているわけではないということである。思っていることすら気付かない場合を除いても、相手や状況との関係で「これを言うべきか否か」をいつも検討し、その結果「ＮＯ」の判定が出たものは身体の外には出さないのである。

③記号化してメッセージを表現する

　ここで「記号化」するとは、①の「目的」に沿って、②で思った「知」「情」「意」を取捨選択し、相手（受け手）に送るために言葉や文章、表情や手振り身振りなどに変換することである。「メッセージ」とは、変換された内容のことである。

　いうまでもなく人間は、心身ともに一人ひとり独立した存在である。一卵性双生児でも、発生のある時点から、全く違う人格を形づくるという。一時騒がれたクローン人間（ある人の細胞を増殖させて造り出した、遺伝子構造の全く同じもう1人の人間）がつくり出されたとしても、全く同じことを感じ、同じことを考えるかどうかは保証の限りではないようである。

表2-1　「意」と「情」を表す言葉リスト

「意志や期待」を表す言葉
批判、非難、叱責、攻撃、威圧、脅迫、強迫、妨害、拒否、反対、否定、逃げ、責任転嫁、言い訳、弁解、へ理屈、防衛、隠蔽、開き直り、試し、からかい、皮肉、言い掛かり、揚げ足、ごまかし、言いくるめ、依存、依頼、甘え、拗ね、煽て、おべんちゃら、媚び、卑下、軽蔑、自慢、見栄、虚栄、気負い、売り込み、強がり、命令、忠告、説得、誘導、催促、優越、挑戦、支持、援助、慰め、協力、促進、激励、賞賛、感謝、同情、同調、同意、賛同、親愛、親和……

●他にあなたが思いついた意志や期待を表す言葉はありませんか？

「感情」を表す言葉
緊張、驚き、戸惑い、混乱、迷い、躊躇、遠慮、憂うつ、滅入る、自責、苦しみ、悲しみ、不安、恐れ、心配、疑問、警戒、萎縮、自信喪失、劣等、恥、屈辱、不満、不信、反感、反撥、不愉快、怒り、拒絶、興奮、こだわり、苛々、焦り、恨み、悔い、口惜しい、未練、妬み、羨望、僻み、いじけ、軽蔑、残念、諦め、割り切り、開き直り、失望、落胆、飽き、白け、嬉しい、楽しい、愉快、満足、安心、寛ぎ、楽く、感謝、感激、照れ、優越、尊敬、信頼、充実、自尊、自由……

●他にあなたが思いついた感情を表す言葉はありませんか？

ＳＦ小説のように、人間がテレパシー（五感によらずに自分の心を相手に伝えたり、相手の心を読み取る能力）を発達させることができれば別だが、当分の間は相手が何を感じ、何を考えているかは、音声なり文字、表情といった、身体の外に表したもの（表現手段）を手掛かりとして「メッセージ」を理解し合わなければならない。

　この「記号化」した「メッセージ」の表現手段は、大きく２つに分けることができる。１つは「言語的手段」といって、音声を用いた話、文字を用いた文章、各種の信号、図や絵、写真、音楽など、何らかの物的なものを利用した手段である。これによって表現された内容は、「言語的メッセージ」になる。

　もう１つは、「非言語的手段」といわれるもので、表情や視線、姿勢、身振り、それに声の強弱、抑揚などのトーンも含めて、人間の身体をそのまま使った手段である。これによって表現された内容は、「非言語的メッセージ」になる。

　私たちは、コミュニケーションというと主に言語的な手段や「メッセージ」に注目しがちである。しかし非言語的なメッセージは、対面的なコミュニケーション状況において、視聴覚に障害のある方を含めて、かなり重要な役割を果たしている。というのは、この非言語的手段やメッセージは、心の働きのうち一番やっかいな「情」や「意」を表現していることが多いからである。「目は口ほどにものを言う」、「目は心の窓」、「ポーカー・フェイス」などの慣用句は、顔に心の内が反映されていることの現れである。私たちは、成長の過程で知らず知らずのうちに、これらを手掛かりにすることを覚え、無意識に使っている。もっとも俳優やタレント、政治家は意図的に使っていることがあるが。

　例えば、第１章③で登場したＡ課長が、部下のＢ子さんに「ある書類をコピーさせたい」（目的）と思ったとする。これはいわば「知」と「意」

の領域のことである。

　ところがこの「思い」（目的）は、直前の自分の感情の状態、部下に対する個人的感情、周りの状況に対する気持ち、パーソナリティなどによって、具体的な表現になると、かなり違ったものになる。別のことで虫の居所が悪ければ言葉ではぶっきらぼうになって、「オイ新人、これコピー！」と言い、不機嫌な表情になるだろう。

　B子さんに「傷付きやすい女の子」という印象をもっていると、ハレモノに触るように「あ〜君、忙しいところ誠に済まないが、できればこの書類をコピーしてもらえないだろうか」と、にこやかに言うかもしれない。また、B子さんを「礼儀を知らない生意気なやつ」と思っていれば、「こんな雑用はお嫌でしょうが、これも会社のためと思ってコピーなどお願いできませんか」と口元をちょっとゆがめながら皮肉たっぷりに言うかもしれない。

　突然このように言われたら、B子さんは、なぜそんなにぶっきらぼうに言われたのか、なぜそんなに丁寧に言われたのか、なぜ皮肉っぽく言われたか、戸惑うことになる。この３つのケースでは、「コピーをして欲しい」というメッセージのほかに、不機嫌、へつらい、皮肉という「メッセージ」（意図）も発せられるからである。

④**チャンネル（通信路）を通じて送る**

　「チャンネル」とは、もともとは水路や導管という意味である。ここでは「送り手」から「受け手」への通信路を指す。具体的には、「送り手」が用いた言語的、非言語的手段と、それによって表現されたメッセージを「受け手」が受け取るときの五感、つまり視覚、聴覚、触覚、嗅覚、味覚がそれである。感覚器に障害がなければ、視覚と聴覚はメッセージの情報通信路としてのウエイトは大きい。

　「触覚、嗅覚、味覚もコミュニケーションのチャンネル？」と疑問に思われるかもしれないが、「送り手」から「やあ、久しぶり。元気だった？」と握手されたり、肩に手を置かれたりしたときに伝わる、手や肩の感覚（触覚）から、「親しみ」「感激」「なれなれしさ」などの非言語的メッセージを受け取ることがある。「送り手」から「この花、いい香りがするでしょ」と手渡されれば、その香りをかぐ（嗅覚）し、そうでなくても「送り手」の付けている香水や体臭などからも何らかの非言語的メッセージを受け取る。機会は少ないかもしれないが味覚の場合も同様である。

⑤**受け手と共有し、影響を与えようとする過程**

　コミュニケーションというと、「伝達」「連絡」という意味に解されることが多いが、これらの言葉は一方通行的なニュアンスが強い。英語のコミュニケーションの動詞形 communicate の語源をたどってみると、ラテン語の communicare という言葉に行き当たる。これは「分け合う」「共有する」とか「共通する」といった意味合いの言葉である。したがってコミュニケーションとは、単に「伝える」というよりは、人と人との間で、ある事柄や思い（特に「情」や「意」）が共有されている状態をつくり出すという、双方通行的なニュアンスの言葉なのである。

　私たちはとかく、この双方向性ということを忘れ、「言ったはずだ」

「伝えたはずだ」→「ちゃんと聞いていない相手が悪い」ということにしがちである。これは、本来の意味のコミュニケーションではない。「送り手」の伝えたいことが、一旦は「受け手」に正確にわかってもらえること、つまり共通理解が成り立つことがポイントなのである。

　ちなみに、日本語で「わかる」という言葉を漢字で書くと、「分かる」「判る」「解る」などが思い浮かぶ。これらは同じ「わかる」でも微妙にニュアンスが違う。「判る」は一定の規準に照らして判断するわかり方、「解る」は理屈や理論を通じて理解するわかり方である。では「分かる」の漢字の表すわかり方は、どのようなわかり方なのか。それは「分かち合う」、つまりコミュニケーションの英語の語源communicationに通じるのである。

　ただし、ここでいう「分かる」とは、「よし、わかった。私に任せておけ」という場合の「わかった」とは異なる。この場合の「わかった」は、「メッセージ」内容を共有したという意味と同時に、同意した（賛成した）という意図が込められている。この点、日本語は曖昧で混乱するが、本来「分かる」は、その話題についての賛否や是非の価値判断は別にして、あくまで「メッセージを共有した」の意味である。

　このようにコミュニケーションは、ある事柄について当事者同士が「メッセージを共有した」という状態になったときが1つの区切りといえる。本来、この状態を互いにしっかり確認しないと、その後のステップがスムーズに進まない。

　次のステップが、説得、交渉や協議、相談事などになる場合は、「送り手」は、その目的や意図を遂げようとする、つまり「受け手」に何らかの影響を及ぼそうとする。これは、コミュニケーションを構成する基本的要素の「効果」の1つである。しかし、単純な連絡事項ならともかく、多くの場合、容易には「受け手」の「同意」を得られないことのほうが多い。そこから新たに、次の共有状態を目指したコミュ

ニケーションが始まるのである。

　とかく初対面の人同士が短時間で共有状態になるのはなかなか難しいが、過程を積み重ねて、お互いの考え方や性格、知識などの点で共有事項が多く、いわゆる「気心」が知れてくるとコミュニケーションの精度はかなり上がる。永年連れ添った夫婦の間で、「おい、あれやってくれた？」、「ハイ、やっておきましたよ」、「ありがと」となるのは、それなりの積み重ねがあるからであろう。もっとも最近は、夫婦間もすれ違いが多く共有事項が少なくなり、ツーカーの状態にはなりにくいようではあるが。

⑥両者の間に、何らかの関係の変化が生じる

　これも、コミュニケーションを構成する基本的要素の「効果」の１つである。人と人との関係は、関係そのものを絶ってしまう「拒絶」ないし「離反」、関係は維持するが一定の距離を置いて近付かない「対

立」ないし「並行」、一方がもう一方を支配する「主従」「依存」、対等な立場で物事に一緒に対処する「協働」「協力」、そして相互に受け入れ合う「共感」「愛」などが考えられる。そして、これらの関係は、当事者間のコミュニケーションが「共有」的であったかどうかによって「対立」から「協働」へ変わったり、「共感」から「依存」になったりする。しかもその変化は、かなり頻繁に起きるもので決して固定的なものではない。

② コミュニケーションの らせん状プロセス・モデル

（1）基本的構成要素のプロセス

　①の（1）でみたように、コミュニケーションのプロセスの構成要素としては、「送り手」、「メッセージ」、「チャンネル」、「受け手」、「効果」の5つがある。これらをもう少し詳しく「送り手」から「受け手」への情報の流れとして組み立て直したものが図2－3である。

　以下、その中身を追ってみよう。

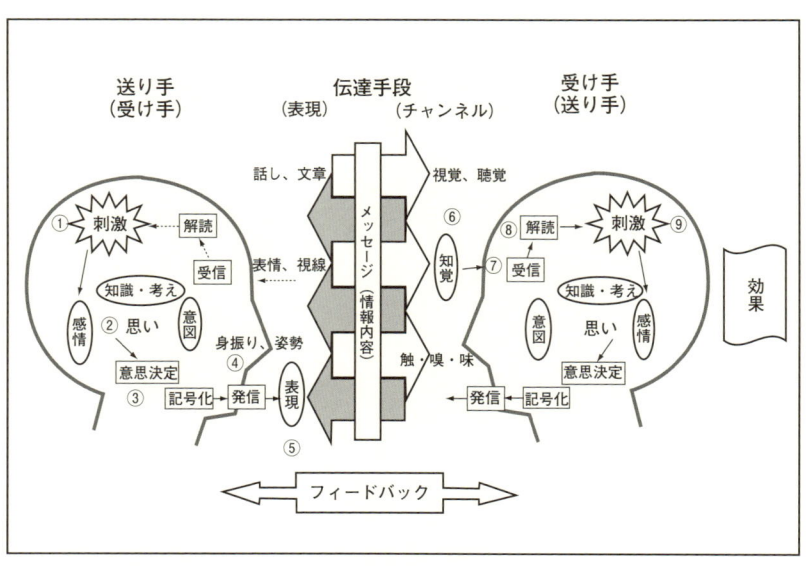

図2-3　対人コミュニケーションのプロセス

（2）「送り手」内のメカニズム

　まず、外界の状況の変化や他者からの働き掛け、生理的な変化など、何らかのきっかけ（刺激）があって、「送り手」の心の内面に、ある心の働きが生じる。それは、事柄的な情報のほかに、その人の価値判断（ものの見方や信条）に基づく意見、考え（「知」の領域）、「受け手」にどうしてもらいたいかの意図や期待（「意」の領域）、そのときの感情（「情」の領域）などが重層的に含まれている。この心の働きが、「受け手」（相手）にわかってもらいたい「思い」（想念）として形づくられる。

　次に、そのときの自他の状況をみて、その「思い」のうちどれを実際に表現するか、またどういう「記号」と表現手段を用いるかの選択がなされる（意思決定）。決定が「ＧＯ」であれば、「思い」を声帯や腕、顔、身体の筋肉運動を通じて、話し言葉や文字などの言語、表情、身振りなどに表す「記号化」が行われ、外に向かって「発信」（表現）される。これらの記号によって構成された情報内容が「メッセージ」である。

（3）「受け手」内のメカニズム

　次に「受け手」の中のメカニズムに移ろう。「送り手」が発したメッセージは、「受け手」の目や耳などの感覚機能（チャンネル）によって知覚され（受信）、その「思い」の内容（「知」「情」「意」）が「解読」あるいは解釈される。この段階では、必ずしも「送り手」の「思い」の真意は、正確に解読されているとは限らない。そこには「受け手」なりの解釈が加わるのである。

　そしてメッセージを受け取ったこと、あるいは「解読」したことが、「受け手」の中で刺激となって、何らかの欲求や「思い」が生じる。たまたま「解読」したことが「受け手」の価値判断、考え、感情などと一致すれば「よし、わかった」ということになるし、一致しなかったり、よく理解できなければ、今度は「受け手」が「送り手」になっ

て、その「思い」を記号化し表現することになる。

（4）らせん状のフィードバック・プロセス

　このように、メッセージを受け取り「解読」した時点で、今度は「受け手」が「送り手」の立場になる。このとき、初めの「送り手」は、自分が表現したことを改めて自分自身が受け取るとともに、「受け手」から発せられたメッセージを受け取るという二重の「受け手」になる。「自分の思いがわかってもらえて、うれしい」、「あれっ、誤解されたみたい」、「もう少し説明しないと伝わらないかな」など何らかの気付きや次の言動への動機付けが起きる。これがいわゆるフィードバックである。

　フィードバックのフィード（feed）とは、食べ物を与えるとか、養う、燃料を入れるなど、相手のプラスになること・ものを与えるという意味である。またフィードバックという複合語は、サイバネティックス（自動制御学）の中で使われた言葉で、出力側（送り手）の信号（記号）を修正したり、制御するために、入力側（受け手）が受け取った信号を出力側に戻すことをいう。

　このプロセスは、ちょうど物の流通過程に例えることができる。「送り手」は生産者、「受け手」は消費者であり、「送り手」の「思い」はいわば原料、「メッセージ」は製品である。「記号化」は原料を加工し、できた製品を梱包する段階に、「発信」「伝達」は製品を鉄道やトラックで運ぶ段階に、それぞれ相当すると考えられる。さらに、「受信」は製品の受け取り、「解読」は梱包を解いて中身を確かめることに当たる。その結果生じる消費者の「思い」は、期待通りの製品であれば満足であるが、そうでない場合はクレームという形で生産者に「発信」されることになる。

　このように「わかる」（メッセージの共有状態）はコミュニケーショ

ンの過程（プロセス）の 1 段階であり、2 人の心の働きが影響し合う
ことで次々に変化していく。しかも、その変化は積み重ねであって、
一度生じた心の働きは、元のままではなく、次の心の働きに必ず変化
するというらせん状（スパイラル）に連続するものである。

　このことを忘れて、過程（プロセス）のある段階だけで相手のコミュ
ニケーション行動を固定的に受け取ってしまうと、様々な混乱が 2 人
の間に生じることになる。

第3章

コミュニケーション力の ポイントは？

　第2章でみたコミュニケーションを構成する基本的要素ごとに、そこで生じるコミュニケーションの行き違いや不具合の原因とその予防策を探ってみよう。

　なお、ここでいう行き違い、不具合とは、送り手と受け手の間で、送り手の思いについての共有が成り立たない状態、つまり送り手の伝えたいことが正確に伝わらない状態のことである。

1 「送り手」のとき気を付けること

（1）自分の心の内面世界の意識化を

普段、私たちは自分の心の中でどんな考えや感情が起きているかを、いちいちチェックし、自覚して生活しているわけではない。しかし、コミュニケーションの行き違いや不具合が起きる場合の、送り手側の根元にある要因は、自分が何を考え、感じているか、そしてそのうちどれを相手（受け手）にわかってもらいたいか、がハッキリ自覚できていないことであろう。

①自覚できていないための不具合

第2章では、この心の世界の構成要素として「知」「情」「意」の3つを取り上げた。もう一度、不具合という観点から実態をみてみたい。

1）「知」の領域で

まず「知」の領域とは、これは事柄的な知識や考え、判断の基準になる価値観などのことである。例えば部下に業務の指示をする場合、業務や技術あるいは規程などの知識や判断が、自分の中ではっきりしていなければ指示のしようがない。そんな状態ではもちろん部下も何をしていいのかわからない。よく知らないことを人に伝えるのは、もともと無理な話である。当然ながら、記号化する際に関係資料で確かめておかなければならない。

また、人間観、男女観、人生観、職業観などの価値観や信念、「こうあるべきだ」といったベキ論については、第1章で登場したA課長を例に挙げて説明しよう。

A課長が「女性は仕事に向いていない。結婚して家庭で子育てに専念すべきだ」という価値観をもっていたとする。B子さんに対して「後は○○君（同期入社の男性）に任せなさい」と肝心な仕事から外したり、

仕事の議論で反論されると、「そんな理屈ばかり言っているとお嫁に行けないぞ」などとからかったりすることになる。言われたB子さんが、ぶぜんとした表情をしても気付かない。

　効率重視の現代においては、「役に立たない」という価値意識から人を軽視したり、おとしめたりすることが起きやすい。また、「男（女）のくせに」などの偏った性役割意識、「○○人は利に敏い」などの国民性や人種に対する偏見、「オジサン（オバサン）は、自分中心で人の迷惑を考えない」、「近ごろの若い者は……」といった世代意識なども、よほど注意しないと人の心を傷付けてしまっていることに気付かない。

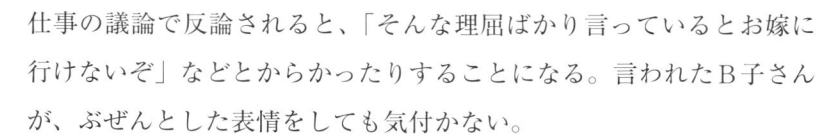

●あなたの身近な人との考え方（行動の仕方）の違いで、「えっ、何で？」と思ったときのことを思い出し、自分の価値観を書き出してみましょう。

2）「情」の領域で

　次の「情」とは気分や気持ち、感情の領域のことである。

　例えば、A課長が出勤前に、奥さんと子供の勉強のことで言い争いをして出勤した。職場で部下に「おい、コレ！」とつっけんどんに書類を突き出したとする。普段なら「○○君、すまんがこの書類を経理に回してくれないか」と比較的丁寧に言われている部下はびっくりする。これは、その場とは全く関係のない自分の感情の波立ちに気付かず、そのエネルギーが八つ当たり的に暴発し、記号化するときにうまくコントロールできなかったためである。このように「情」も意外に

意識できていないことがある。

●最近、あなたの身近な人とのやりとりの中で、心穏やかでなかった
ときのことを思い出し、自分の気分や感情を単語にして書き出して
みましょう。

_____

_____

_____

_____

3）「意」の領域で

　「意」の領域とは意志や意図、期待などであり、前の2つの領域と同じように意識化しにくい。

　例えばA課長の高校生の娘が、連絡なしに夜遅く帰ってきたとする。ご多分に漏れずA課長は「今ごろまでどこで遊んでいたんだ！」と怒鳴り付けるだろう。このときの父親としての「どこで……」の発言の意図は、友達のところとかゲームセンターなどの具体的な場所やその理由を聞きたいわけではない。娘が以前にした「帰宅が遅くなるときは連絡する」という約束を守らなかったことを非難し、そして親としての自分を軽視されたことに対する、腹立ちの感情の発露という意図だろう。

　さらには、その根元には「事故にでも遭ったのではないか」という心配する意図があることも確かである。ところが、非難する意図が強いと、心配の意図はほとんど意識に上らないし、表現されないので娘にも伝わらない。その結果、娘にとっては「うちの親はうるさいから嫌い！」となってしまう可能性が強い。

●最近、あなたの身近な人とのやりとりの中で、思い通りにならなかったときのことを思い出し、そのときの自分の意図や期待を書き出してみましょう。

このように、自分の考え、価値観、感情、意図などの思い（想念）を自覚していないと、その記号化、そして表現は、自分も予想していないようなものになり、相手に誤解されたり、感情的なしこりを生じさせ、その後の修復が難しくなることが多い。

②なぜ自覚が難しいのか

「知」の領域で、知らない、記憶が定かでないという状態は比較的自覚しやすいが、問題は価値観や「情」や「意」である。

価値観は、幼いころから親や兄弟、学校教育、友人などの影響を受け、人生の中で知らず知らずのうちに身に付けてしまったものが多い。自分の中では当たり前のことになっていて、なかなか自覚しにくいものである。また、自分の判断や行動の基準になっているので、それを批判されると「相手のほうがおかしい。間違っている」と思ってしまう。自分を否定されたように感じて感情的になってしまい、冷静に自分の価値観を見直したり、自ら変えたりはしにくいものである。

また、「情」や「意」は、赤ん坊のころはストレートに表現していた。大きくなるにつれて身近な親や保護者は、「もう赤ちゃんじゃないんだから泣かないの」、「駄々をこねるな」、「わがまま言わないの」と一方的に禁止を強める。発展途上人である子供は、周囲の大人から嫌わ

れることを恐れて、だんだん「情」や「意」を押し殺す体験が多くなる。この体験が積み重なると、自分の中にどのような感情や意図があるのか気付きにくくなるし、気付くことを恐れるようになる。

社会生活をしていく上で自分の感情や主張ばかりあらわにしていると、他の人との協調や協力がしにくくなることは確かだろうが、抑え過ぎると①の例のようにコミュニケーションを阻害したり、そのエネルギーが暴走することにもなりかねない。

③自覚するには

自覚しにくい意識下に沈んだ価値観や感情、意図を探し、意識できるようにするにはどうすれば良いのだろうか。

「知」の領域の意識や価値観は、遺伝子に組み込まれているわけではない。「自分のものとは違う考え方や価値観があり、それもその人にとっては自分同様に大事なものだ」という知識や判断などは、知性の力で変えられるものである。自分の価値観をなかなか180度は変えられないにしても、他の価値観の存在を認めることは可能だろう。

手近なやり方としては、日に1度、例えば寝床に入って眠る前などに、振り返りの時間を設定することである。その日の出来事や人との会話のうちで気になっていることを思い出し、「あのお客様から、うちの課の対処の仕方にクレームを言われたとき、自分はどうしてムキになって弁解してしまったのだろう。あのときの自分の中には、どういう価値基準があったのだろうか」、「上司から頼まれたあの仕事は、とても今の自分には手に負えないのはわかっていたのに、何で断われなかったんだろう」など、何らかの決定や選択をした根本にある基準や、そのときの感情状態を探求すると良い。

ある職場では若い社員のアイデアで、「喜」「怒」「哀」「楽」の4つの顔の絵を描いたポップアップ・スタンドを4本つくって、そのセットを全員に配り、そのときどきの気分や感情に一番近いものをデスク

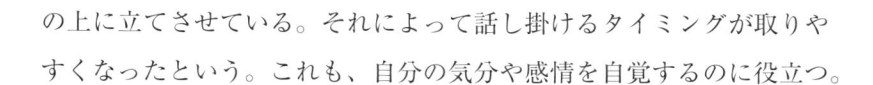

の上に立てさせている。それによって話し掛けるタイミングが取りやすくなったという。これも、自分の気分や感情を自覚するのに役立つ。

（2）「記号化」と「メッセージ」構成を適切に

次は心の内面世界を言葉や文字、図や絵、そしてある意味をもたせた視線や表情などの記号にして表現する段階である。この段階での不具合、行き違いの原因は、送り手の思いが正確に、つまり相手が正確に解読できるように記号化できていないところにある。このことに関わる要因としては、記号そのものの性質、記号化をゆがめる心理的な力、記号の組み合わせによるメッセージの構成の3つが考えられる。

①「記号」そのものの性質からくる不具合

第2章のコミュニケーション・プロセスのところで述べたように、この記号と表現手段はほぼ対応しており、記号は大きく2つに分けて考えられる。1つは「言語的記号」と呼ばれるもので、話し言葉や文字などの言語、絵や写真などのように身体から離れた物質的な媒体によって、相手の視覚や聴覚、触覚などのチャンネルを通じて伝わるものである。もう1つは「非言語的記号」と呼ばれるもので、表情、身振り、姿勢などのように身体そのもので表され、主に相手の視覚を通じて伝わるもののことである。

1）「言語的記号」の問題

言語的記号の代表である言語は、便利なようで不便なものである。もともと言語は、物事を相手に具体的に呈示しないでもわかるように抽象化したものである。その人が生まれ育ってきた過程で、独特のイメージ、使い方のパターンなど、いろいろなニュアンスが付け加わる余地も大きい。したがって、全ての人が国語辞典に書かれている意味で言語を使っているわけではない。そもそも国語辞典でさえ、ある言葉の説明が編纂者によって微妙に異なっている。

　例えば、「あなたは面白い人ですね」と親愛の情を込めて言ったつもりでも、「人をつかまえて、面白いとは何事だ」と怒られることもある。謝りながらこちらの真意（意図）を説明した後で、「なぜ気分を害したのか」を聞いたら、その人にとって「面白い」という言葉を人に対して使うときは、皮肉あるいは馬鹿にするときだという経験をしてきたからだという。

　また、属している集団や組織によっても、言葉のニュアンスや使い方は変わる。「ホシ」（犯人）や「ゲロする」（自白する）などは警察関係で使われる言葉であり、「ウヤ」（運休）は鉄道関係の人でないと通じない。政治家が「善処します」と言うのは、「やりません」ということだともいう。もう少し範囲を広げると、方言や外国語などもある地域でしか通用しない性質のものである。「なおす」という言葉は、関東と関西以西では意味が違う。

時代や世代によっても、言葉の使われ方は違う。「ありがたい」という言葉は、古語では「在り難い」つまり「生きるのが難しい」とか「珍しい」という意味だった。「面白し」も古語では「愛すべき」、「美しい」、「趣きがある」という意味で、軽蔑的な意味ではなかった。読者のうち何人が、若者の間ではやった「ＫＹ」、「ｍｊｄ」、「ｄｉｓる」、「エグい」、「エモい」、「ムズい」、「それな」、「り」、「レベチ」などという言葉の意味を説明できるだろうか。

　このように、言語のそもそもの特質が、誤解を生みやすいものなので、そのことを十分わきまえておく必要がある。

> ●最近、あなたが耳にした言葉で意味がわからなかった言葉、あるいは間違った意味で憶えていた言葉を書き出してみましょう。

2）「非言語的記号」の問題

　もう１つの問題は非言語的記号に関することである。これも個人や文化によって相当の違いがある。欧米人は一般に身振りや表情が豊かで、この非言語的記号をよく使っている。ところが日本人は、あまりジェスチャーなどを用いないので、外国人から「表情が少なく能面のようで、何を考えているのかわからず気味が悪い」とまで言われる。

　これは、おそらく日本人が、島国の中で労働集約型の濃密なムラ生活を基本にしてきたということ、徳川300年の鎖国時代に外国人と接する機会が極めて少なかったために、いわゆる「以心伝心」、「一を聞いて十を知る」能力が高められ、身振りや表情はおろか言葉さえも最

小限でコミュニケーションできる民族になったからかもしれない。

　他方、大陸に住む多くの外国人にとっては、道１つ向こうは他国、あるいは他民族であり、違う言語を使っているケースが多い。歴史上、他国へどんどん出掛けて行き、侵略やら貿易、布教活動を繰り返してきた。だから、日常的にコミュニケーションの難しさを体験している。したがって何とか通じさせようとすれば、あらゆる手段を使わざるを得なかったのだろう。

　もっとも最近は日本でも、若い人を中心に言語的記号の役割が弱くなり、逆にパフォーマンス流行り、つまり非言語的記号の役割が強くなってきているようである。その背景には、社会の変化が激しく価値の多様化が進む中で、中身の濃い話をする機会はますます少なくなり、いわゆる「以心伝心」のコミュニケーションが成り立たなくなっていることがあるのかもしれない。

　また、この非言語的記号に関係する行き違いは、言語的記号で表現されたこととの食い違いがあるときに生じる。便宜的に言語的と非言語的に記号を分けたが、対話的コミュニケーションの場面では、両者は常に相伴って表現される。しかも「目は口ほどにものを言う」と言われるように、非言語的記号はかなり正直に心の働きを表現している。

　それに対して言語的記号は、いろいろな装飾が可能である。病院で医者と話してきた家族が、言葉では「大丈夫。大したことないそうだよ」と言っても、伏し目がちだったり、目を合わさずに言っているのを見れば、不安な病人は言葉よりも伏し目のほうを信用するだろう。

　この非言語的記号の行き違いは、自分の思いのうち、特に「意」と「情」を自覚し、それに正直であれば避けられる。現実にはなかなか難しいが、他の人とより良い関係をつくり、それを保つことを目指すなら努力する価値のあることである。

② 「記号化」をゆがめる心理的な力

　心の世界の思いを言語などの記号にして外に発信（表現）するとき、私たちは思いの全てを記号にしているわけではない。素直にそのまま記号にしているわけでもない。そこには様々な心理的な作用（力）が影響している。その主要なものは「感情」の力、「価値観」の力、人や物事に対する「態度（構え）」の力、そして人間に共通の「心理学的法則」の力の４つである。このうち「感情」と「価値観」の力については、既に述べたのでここでは省略する。また、適切な言語そのものを知らないという場合も除く。

１）「態度」の問題

　ここで人や物事への「態度」というのは、ある人が、相手そしてそのとき話題になっている事柄に対して好意的かそうでないか、前向き（積極的）か後ろ向き（消極的）かなど、感情や性格に近い次元での基本的な心の姿勢のことである。

　これがコミュニケーションの行き違いを引き起こすのは、その人の根元の思いは１つでも、態度によって表現（記号化）が違ってしまう場合があり、しかもそれに気付かないことがあるからである。態度は、価値観に比べるともっと根深く、個人的な色合いが強いので、それだけ自分ではわかりにくい。

　消極的な態度の人は、そうでない人の半分も自分を表現しないかもしれない。たとえ表現したとしても、非常に用心深く遠回しのものになるか、逆にそれをカバーするために強い攻撃的な言い方になることもある。

　これは相手に対する態度（相手の地位が自分より上か下か、相手を好きか嫌いかなど）や、物事に対する態度（得手なこと不得手なこと、好きなこと嫌いなことなど）とも関連している。

2）「心理学的法則」の問題

　そもそも心理学とは、人間に共通して存在する心の法則というものを明らかにする学問だが、そのいくつかはコミュニケーションにも影響を及ぼしている（第１章で述べた「ヤマアラシ・ジレンマ」もその１つ）。

　「ハロー（光背）効果」という現象がある。これは、相手の経歴や肩書きが輝かしいものだと、それに引きずられてその人自身も素晴らしい人格者としてみてしまう傾向のことである。

　精神分析の祖であるフロイト（Freud, S.）が指摘した「心の防衛機制（メカニズム）」というものもある。心の中に葛藤が生じ不安が募ると、自尊心やプライドを守り（防衛）、心の安定を維持しようとする無意識の働きが生じる。例えば、自分にとって嫌な経験、恥ずかしい経験などは、記憶の奥底に封じ込めてしまおうとする傾向［**抑圧**］、そういう事態から逃れるために空想に浸ったり、病気になる傾向［**逃避**］、自分の父親など特定の人に対する「怖れ」の感情を、よく似た職場の上司に向けてしまう傾向［**転移**］、本心（例えば好きという気持ち）とは裏腹（邪険）なことをする傾向［**反動形成**］、イソップ寓話の「すっぱい葡萄の話」のように、自分にとって都合の悪いことの理由をこじつけ的に他者やもののせいにして、自分を無理やり納得させてしまう傾向［**合理化**］、社会的に有名な人や高い地位にいる人と出身地が同じ、どこかで一緒に食事したなどの共通点を強調し、自分を高めようとする心理的傾向［**同一化**］などがある。

　これらも、日々の自分の言動を振り返ることによって、自覚的にコントロールすることが可能である。

> ●ここに挙げた６つの「心の防衛機制」について、あなたが使ったことのあるものはどれでしょう。そのときのことを書き出してみましょう。

---

③「記号」の組み合わせによる「メッセージ」の構成

　思いがはっきりし、発信（表現）することを決意したら、適切な記号を選び、それらをメッセージ（あるまとまった意味をなす情報）として、受け手が理解できるように構成する必要がある。ただし、その際には、そもそも自分がコミュニケーションしようとする目的、相手（受け手）との関係、その場の状況を考慮しなければならない。

　第１章で述べたように、目的には、発散・気晴らし、要求・期待成就、安心・親和獲得、アイデンティティ獲得などがあり、相手との関係も、家族や恋人、友人、知人、上司・同僚・部下、初対面の人など様々である。

　状況も、場所でいえば家の中もあれば、職場もあり、野外かもしれないし、その場にいるのは２人だけか、周りに第三者がいるか、さらに騒がしいところか、静かなところか、など多様である。さらには、相手が他の事柄や案件に強くとらわれているとき、例えば体調が優れず気分的に関心を向けられない、５分後に重要な会議に出なければならない、送り手に対して恐れや反感をもっているなどの場合のほか、その事柄について予備知識のない人、目や耳に障害がある人なども含まれる。

話し言葉による言語的メッセージの場合、これら目的、関係、状況の組み合わせによって、断定的に言ったほうが良いか暗示的が良いか、事実のみを言ったほうが良いか、感情を込めて言ったほうが良いか、改まった言い方が良いか、くだけた言い方が良いか、情報の順番や組み立てはどうするかなどを判断しなければならない。思い付くままダラダラと話したり、補足のための例え話が、いつの間にか中心的なことになってしまったり、前置きが長過ぎると肝心なことがボケてしまう。逆に、結論だけポンと言ったのでは、相手に真意は伝わりにくく、誤解されやすい。

　私たちは案外、記号をどのように構成したら、自分の言いたいことが相手に過不足なく正確に伝わるかということに無頓着だが、その工夫（努力）は必要である。漢詩の構成である「起承転結」を応用する手もあるが、一般的には自分が一番伝えたいこと、つまり事柄だけでなく気持ちなり意図を初めに表現し、その後に「なぜなら…」、「というのは…」と続けるのが受け手にはわかりやすい。これも少しトレーニングすれば可能だろう（このトレーニングについては第4章で詳しく述べる）。

（3）「メッセージ」内容に応じた適切な「表現手段」の選択

　メッセージの構成ができたら、それを受け手に届ける表現手段を選ばなければならない。ここでいう表現手段とは、第2章でみたように、言語的な声の音波による話はもちろん、文字による文章、図や絵、写真、ビデオなどの物質、それに非言語的な表情や姿勢などの身体の動きも含まれる。

　この段階で行き違いが生じるのは、メッセージの内容と、そのときの条件（前項の③でみた受け手との関係、状況のこと）に適した表現手段を選んでいない場合である。

　メッセージの内容が、複雑な機器の操作を説明するものだとすると、言葉だけで受け手に伝えるのは極めて難しく、機器そのもの、あるいは構造図なり手引書などを併用するほうが確実に伝わる。交通事故防止の必要性を説くには、単に事例を口頭で話すだけでなく、生々しい写真を見せたり、体験者に話をしてもらうほうが、その内容は相手の印象や記憶に残る。また、強い感動や悲しみは、下手に言葉にしないで表情や身体で表現したほうが伝わる。教育の場面で映像などの視聴覚機材を用いれば、黒板とプリントという文字主体の手段よりも豊富な情報量を伝えることができる。

2 「受け手」が気を付けること

　これまでは送り手側のプロセスにおける不具合について検討してきたが、受け手の側でもほぼ同様のことが起こり得る。

（1）受信の「チャンネル」の不具合
　受け手は、送り手の表現したメッセージを、自分のチャンネルを通じて受信するわけだが、これには見る、聞く、触るなどの五感の機能が使われる。

　この段階で生じるコミュニケーションの不具合は、五感に障害がなくても、メッセージそのものが完全には受信できない場合があることから生じる。例えば、電話で話すときは聴覚だけにチャンネルが限られてしまうので、言葉の意味と声のトーンやテンポからの情報しかない。送り手の表情からの情報や図面、地図や写真は同時には伝わらない。たとえ地図が手元にあっても、それを言葉で説明されると何とも歯がゆい思いをする。今はインターネットで画像や音声を併用すればこの点は補完できるが。

　対面していても、受け手の意識状態によっては、送り手のまなざしが、その人の真意を如実に表現しているのに、それを見逃して、言葉面だけで相手のメッセージを理解してしまうこともある。同じように、上の空で聞き逃したり、聞き間違えたりすることもよく起きる。

●最近、あなたが体験した「見逃し」「聞き逃し」「聞き間違い」を書き出してみましょう。

_____

_____

_____

_____

（2）「解読」の段階での不具合

　次に、受信したメッセージを「解読」する段階における不具合をみてみよう。

　この段階での不具合は、送り手のところでみた心の内面世界や、記号化の段階でみた言語的記号の特色、そして記号化をゆがめる心理的な力としての感情、価値観、態度、心理学的法則などが、受け手の中にも生じているところに原因がある。

　私たちは、基本的に「ながら族」である。相手の話を聞きながら「なるほど」と思う、「それはちょっとおかしい」と思う、「えっ」と驚くなど、相手の一言一句、一挙手一投足ごとに、価値判断や感情などの雑念が生じてしまう。一説によれば、人は話すスピードの3倍の速さで何かを考えているという。

　したがって、送り手のメッセージだけに集中して、純粋に真意を受け取り、理解しようとすることが苦手である。そうするには、一時的に雑念を棚上げにし、聴くことに集中するトレーニングをすることが必要である（このトレーニングについては第4章で詳しく述べる）。

　その他にも受け手特有の不具合としては、選択性難聴といわれる現象がある。これは、「見れども見えず、聞けども聞こえず」で、自分にとって有利な、あるいは望ましいメッセージは聞き取るが、そうでないも

のは実際に聞き取らないことがある。その結果、メッセージに託されている送り手の思いが、正しく受け手に伝わらなくなるという事態が起こり得るのである。ここでもやはり受け手の価値観や感情のありようが影響しているし、態度や心理学的な法則も作用している。

　このように、コミュニケーションでの不具合や行き違い、つまり人と人との間で共通理解が阻害されるのは、単に送り手だけに原因があるのではなく、受け手のほうにも原因があり、それが複合して生じている。再三登場願ったＡ課長とＢ子さんに限らず、とかく私たち凡人は、行き違いが生じると送り手は受け手のせいにし、受け手は送り手のせいにする傾向がある。しかし本当は、不具合の責任は「お互い様」なことが多いのではないだろうか。

第4章

コミュニケーション力向上の
基本は？

　最近の若者には「コミュニケーション力」が不足していると思っているのは企業人だけではない。同じ若者観は、若者の相談に乗ることを仕事とするカウンセラーや教師たちの間からも聞こえてくる。

① コミュニケーションは努力して身に付けるもの

　若者たちの中には、「自分は口下手だから、コミュニケーションが下手なのは仕方がない」と割り切っている者も少なくない。一方で就職活動を目の前にして、コミュニケーションスキルの習得といった、話し方と答え方の講座を受ける者もいる。その結果、個性のない型にはまった話し方を身に付けてしまう者も増えてきた。

　第2章、第3章でみてきたように、コミュニケーションは情報の送り手（話し手）と受け手（聞き手）との相互作用であって、一方的なものではない。既にコミュニケーションは決してやさしいことではないということに気付いたはずである。社会生活の潤滑油として欠くことのできない行為だが、努力せずに事前に身に付くものではない。決められた型を模倣すれば、効果的に実践できるものでもない。むしろ、現実に起こる様々な障害を乗り越える中で、自分なりのコミュニケーションの仕方を身に付けなければならないのである。

　ドイツの哲学者のハーバーマス（Harbermas, J.）がその著書「コミュニケーション行為の理論」で、「コミュニケーションは基本的に人と人との違いから出発する」と述べている。コミュニケーションは送り手も受け手という、一人ひとり異なる人間の相互作用である。決して、誰にでも共通する話し方はない。むしろ、送り手と受け手との間の人間関係が重要な基礎となる。

　昨今よく聞くことであるが、現代の日本人は人間関係が薄れ、以心伝心で伝わらなくなったことを取り上げ、だからコミュニケーション力が必要だという説がある。まさにコミュニケーションと人間関係は切っても切れない関係にある。

言語的なコミュニケーションを主な手段とするカウンセラーの中で、有能なカウンセラーと呼ばれる人たちの面接を分析した結果によると、彼らは多様な話し方や接し方をしており、誰に対しても共通して用いる応対方法や表現は見出されなかった。つまり彼らは、同じコミュニケーションの様式をとることはないという点で共通していた。もう１つ共通していることは、適切なときに適切な言葉を選び、コミュニケーションの目的を達成できる能力を備えているという点である。さらに何よりも、相手の存在に関心をもって接するという基本的態度という点で共通していた。

　しかし、このような能力は自然に備わったものではない。生まれながらにコミュニケーションの上手な人、下手な人がいるわけでもない。コミュニケーションを困難にするいろいろな問題を克服するために、一人ひとりが意図的に努力をすることで上達するものである。

　本章では、自分のコミュニケーション力が上達するために乗り越えなければならない自分の課題、課題を認識する観点、課題や問題を乗り越えるための努力の方法を紹介する。

② 自分の言いたいことを 相手にわかるように伝えるには

　コミュニケーション力の向上のためには、送り手と受け手の両方の立場に立って自分の課題を見付け、その課題を克服することである。コミュニケーションの上手な人の模倣はあまり役に立たない。自分の話し方、聞き方の課題に自分で気付くことが能力向上にとっては重要である。

　まずは、自分の言いたいことを相手にわかるように伝える能力、つまり自己表現力を向上させるために、送り手としての自分に注目し、自分の課題に気付く方法を紹介する。

（1）うまくいかない自己表現のタイプ

　アメリカの心理学者アルベルティとエモンズ（Alberti, R. E. & Emmons, M. L.）は、人間関係がうまくいかない自己表現の仕方として2つのタイプがあるという。1つは「支配的・攻撃的な自己表現」、もう1つは、その逆の「服従的・消極的な自己表現」である。

　もちろん、人にはいろいろな自己表現の仕方が身に付いていて、自然に自分の自己表現タイプをつくり上げている。人は常に1つの自己表現タイプしか用いないというわけではない。ときには同じ人が両方の傾向をもつ場合もある。むしろ、その人がどちらかのタイプの自己表現をする傾向が強いとか、どちらかのタイプのほうを好むかということである。

　職場でよくある場面を例にして、この2つのタイプの自己表現の違いを考えてみたい。

職場の場面

> 　C係長は今、明日までに仕上げなければならない自分の仕事に掛かりっきりである。このままだと残業するか自宅へ持ち帰ってやらないと間に合わない。そこに同僚のベテランのD課長補佐が来て、「明日、課長に今期の予算計画の資料を出さなきゃならないんだが、ちょっと相談に乗ってくれないか。君の担当の部分でよくわからないところもあるし……」と言った。

　このD課長補佐の依頼に対するC係長の応答について、次の2つのタイプの自己表現例を参考にしていただきたい。

＜支配的・攻撃的な自己表現＞の例

> ●C係長が自分の言いたいことをD課長補佐に伝える場合
> 「そりゃ無理ですよ。ご覧のとおり、いま私は自分のことで手いっぱいですからね。私だって、今でも残業が前提ですよ。それに課長への説明は前々からわかっていたことじゃないですか。何で早くやっておかなかったんですか。Dさんも残業したらいいじゃないですか」と、顔も上げずに言う。

　このように言われたD課長補佐は、C係長が言おうとすることを、どうとらえるだろうか（別の言い方をすればどんな気持ちになるだろうか）。
　C係長は「あなたの希望には応えられない。相談に乗るヒマはない。自分の責任でしょ。あなたの仕事の進め方に問題があるのではないですか。自分の責任は自分で取ってください。私は手助けする必要を感じていない」という否定的なメッセージを送っているととらえることができる。

そんなＣ係長のメッセージを受け取ったＤ課長補佐は、性格傾向に
もよるが、屈辱感をもち、Ｃ係長を信頼した自分の甘さを悔いたり、
Ｃ係長に対して「先輩に対してそういう言い方はないだろう。以前、
助けてやったのに自分勝手な奴だ。相談に来たってもう二度と助けて
やるもんか」と憤りを感じたりするだろう。とてもＣ係長の多忙さを
理解する気持ちにはならない。

　Ｃ係長はＤ課長補佐に命令したり、攻撃したつもりはなく、自分の
状況を伝え、自分なりの返答をしたつもりかもしれない。しかし事実
は、Ｄ課長補佐は「自分の願いは拒絶された。仕事の仕方を命令され
た」というメッセージを受け取った。その結果「馬鹿にされた。裏切
られた」という不信感を抱くようになり、人間関係が悪化する可能性
が秘められている。

　支配的・攻撃的な自己表現タイプは、自分の言いたいことや自分の
気持ちはストレートにはっきり言うが、相手の言い分や気持ちはほと
んど考慮しないので、自己主張を押し付ける形になる。また、勝ち負
けで物事を判断しやすく、その場の主導権を握り、相手を支配する結
果となる。しかし反面、一見強そうだが内心は防衛的で、人の批判や
反応を気にして必要以上に強がっていることが多い。

<服従的・消極的な自己表現>の例

> **●Ｃ係長がＤ課長補佐に次のように自己表現をする場合**
> 「うーん、急ぐんですか？……ちょっと待ってください。うーん。……
> まっいいか。課長補佐が言われるのだから。で、わからないところと
> いうのは何ですか？」と自分の書類を見たまま言う。

　このように言われたＤ課長補佐は、その性格傾向にもよるが、Ｃ係
長に対して感謝の気持ちをもつと同時に、頼りなさを感じたり、多少

の罪悪感をもつかもしれない。あるいは「上司のオレの頼みは断れないだろう」と優越感をもつか、「Cは人の言いなりになって、主体性がない」と見下す気持ちが芽ばえる。結果的に、C係長の責任感を疑問視する気持ちをもち始めるかもしれない。

　C係長のようなタイプの人は、自分の言いたいことを言わなかったり、曖昧に言ったりするので、一見相手を立てているようにみえる。しかし内心は自信がなかったり、相手から悪く思われたくない気持ちが強いことが多い。「やってあげた私の気も知らないで」という恨みがましい気持ちをもつことも多い。また、断れなかった自分に対する嫌悪感が強まる。支配的・攻撃的な人と同様、防衛的で人の批判や反応を気にする傾向もみられる。

（2）うまくいく自己表現のタイプ

　アルベルティとエモンズは、支配的・攻撃的なタイプと服従的・消極的なタイプを克服する第3のタイプとして「アサーティブ」（assertive：自己主張的）なタイプを提唱している。

　その基本的な発想は、人間一人ひとりに対等な価値があり、互いを尊重し価値を認め合う関係が最も望ましい。そのためには、人を支配したり操ったりするのではなく、また人の言いなりになるのでもない。相手の正当な権利を阻害することなく、自分の正直で率直な気持ち（「情」と「意」）を正当に主張する権利を行使することと、両者の言い分を柔軟に考慮して、互いに納得のいく、より良い解決策を創造することが大事だ、というものである。

　そこで、C係長の例を取り上げて、うまくいく場合のやりとりの例を紹介してみよう。

C係長　　「Dさん、あなたが明日までの資料づくりでお困りなのは

わかりました。私もＤさん同様、明日までの資料づくりに追われていまして、たぶん今日は残業してもギリギリの状態なんです。申し訳ないんですが、正直なところ、今とてもご相談に乗る余裕がないんです。ただ、私の係が関係する部分もあるということですので、何かいい案を考えてみたいと思うのですが、どれくらい時間が掛かりそうですか」

Ｄ課長補佐「うーん、関係資料がＣさんの手元にあるかどうかにもよるけど、30分もあれば十分だと思うんだけどな」

Ｃ係長　「30分ですか、それなら何とかなりそうですね。今ちょっと中断できないので、そうですね、1時間後にこちらから伺いますよ。それでいかがでしょう」

Ｄ課長補佐「1時間後ねえ。うーん、まっ、Ｃさんの事情もわかるのでこちらも何とかそれでいくように資料づくりの順番を替えてやってみよう」

Ｃ係長　「そう願えますか、こちらも助かります」

Ｄ課長補佐「いやいや、こっちこそ無理言ってすまなかった。じゃよろしく頼むよ」

　Ｃ係長の言い方のポイントを整理しておこう。

　Ｃ係長は「事態を客観的に説明する」ことから始める。すなわち、「Ｄさん、あなたが資料づくりでお困りなのはわかります。私もＤさん同様、明日までの仕事があってギリギリの状態なんです」という自己表現である。

　そのあとで「申し訳ないんですが、正直なところ、今とてもご相談に乗る余裕がないんです」と表現することで、その事態が自分に引き起こす感情体験を率直に表明する。

そして、さらに続けて、「何かいい案を考えてみたいと思うのですが、どれくらい時間が掛かりそうですか」と、その事態を解決する思いを示し、協議する意思を表現するという三段論法である。

すなわち、C係長の意図するところからいうと、第1段で相手の事情を理解したことと、自分の事情を客観的「知」的に相手にわかってもらう。そして第2段で、それによって被る自分の「情」の部分をわかってもらう。さらに第3段で可能な限り両方にとってマイナス、不平等な結果や不快な気持ちにならないようにしたいという「意」の側面をわかってもらう自己表現なのである。

このようなC係長の自己表現は、D課長補佐との人間関係を深める結果へと発展することは明らかだろう。同様のことはD課長補佐の答え方についてもいえる。

（3）アサーティブな言い方の練習

このアサーティブな姿勢を身に付けることを妨げる最大の要因は、物の見方、考え方、すなわち価値観や態度である。自分と同様に他の人にも対等の人間としての価値、権利があると考えない、自分自身を人と比べて低くみている、人からみれば小さな問題でも大きくみてしまう、悪いことは全て自分に降り掛かって来るようにみえる、人間や物事を強弱、好き嫌い、優劣、勝ち負け、上下、善悪、ＹＥＳ・ＮＯと2分法でしかみられない、自分にはできない、無理だという見方がまず基本にあるなどである。そして、そのような見方が偏っているということに気付かないことも、もう1つの要因である。

本来は、この基本的な価値観、態度を変えない限り、いくら具体的な自己表現の仕方、言い方を練習しても徒労に終わることになる。ただし、このことを十分わきまえて言い方を練習し、とにかく実際に試してみて、効果のほどを確かめてみることで価値観が変わることは十

分あり得る。

　ここで実際に練習をしてみよう。

　次のような場面で、あなたなら普通どうするか、また相手の人に何か言うとしたら、どういう言い方をするか試してみていただきたい。

A　レストランでウエイターが、明らかに後から来た人たちが注文した料理を、次々に先に出したとき。

●あなたはウエイターにどう言いますか？

B　お金を貸した同僚が、返す約束の日を過ぎても知らん顔をしているとき。

●あなたは同僚にどう言いますか。

C　友達数人で旅行に行く計画をしていて、あなたが行きたい所とは別の所に決まりそうなとき。

●あなたは友達にどう言いますか？

D　職場の会議で上司が、あなたの知っている事実と明らかに違うことを言っているとき。

●あなたは上司にどう言いますか？

E　新幹線の中でゆっくり本を読もうとしていると、隣の席のお年寄りがしきりに話し掛けてきたとき。

●あなたはそのお年寄りにどう言いますか？

F　美術展の最終日に久しぶりに奥さんと行く約束をしていたが、前日になってお得意先からゴルフに誘う電話が掛かったとき。

●あなたはお得意先の人にどう言いますか？

G　あなたが担当の窓口で、後ろに長い列ができているのに、１人の中年の女性が読めばわかることを、くどくどと説明を求めているとき。

●あなたはその女性にどう言いますか？

　適切な答え方は１つではない。前後関係やこのような言葉が発せられる状況によっても異なるからである。しかし他方で、前項で述べた三段論法に当てはめると、両者ともほどほど満足できる結果を得られる。試しに考えてみよう。

A　ちょっとウエイターさん。私は、確かあちらの人たちよりかなり前に注文したんだけど、忘れられてしまったようであまり気分が良くないんだ。お腹も減っているし、私の注文はどうなっているのか調べてくれないか。

B　○○さん。君に以前貸したお金のことだけど、先週の月曜日に返してくれる約束だったよね。君も大変なんだろうけど、私もあのお金で家賃や電話代を支払わなければならなくて困っているん

だ。いつごろ返してもらえる？　今度の給料日には何とかなりそうかな。見通しを教えてくれれば私も計画変更できるんだが、どうだろう。

C　皆が乗っているときに言いにくいけど、ちょっといいかな？　そこは以前何回か行ったことがあって、あんまり気乗りがしないんだ。勝手なんだけど今回は〇〇にしない？　ここならまだ誰も行ったことがないし、季節的にもいいし、どうかな？

D　すみません課長。ちょっとよろしいでしょうか。今、課長がおっしゃった××の件は、私の認識では△△ということだと思うのですが、もし私の認識が間違っているといけないので確認したいのですが、いかがでしょうか。

E　あのー、ごめんなさい。せっかくお話しいただいているのに、こんなこと言ってお気を悪くされるかもしれませんが、今日はこの本を読みたくて仕方がないんです。すみませんが、私に時間をくださいませんか。

F　はい、明日ですか。久しぶりのお手合わせなので、お供させていただきたい気持ちもあるのですが、実は明日は、前々からの妻との約束がありまして、今回はその約束を果たしたいと思っておりまして、せっかくお誘いいただいたのに誠に申し訳ございません。もしメンバーが足りないようでしたら、誰か参加できそうな者を探しますが、いかがでしょうか。

G　お客様、申し訳ございません。実は、お客様の後ろにだいぶお待ちの方がいらっしゃいまして、私、そのことが気になっております。もし、お時間が許すようでしたら、あちらで残りの部分をお読みいただいて、おわかりになりにくいところがございましたら、こちらにお越しいただけますか。そのころには、空いていると思います。いかがでしょうか。

③ 相手の言わんとすることを 正確に受け取るには？

（1）「聴く力」の大切さ

　効果的な話し方、つまり「話す力」に続くコミュニケーションの成功のポイントは「聴く力」である。本章では、虚心坦懐に耳を傾けるということを強調する意味で、単なる「聞く」ではなく「聴く」という漢字を用いる。

　コミュニケーションのメカニズムは、情報を送る行為（送り手）とそれを受ける行為（受け手）との交互作用である。コミュニケーションが必要となる場面を考えると、情報の送り手の立場に立つ人と送られた情報を受ける立場に立つ人というように、立場や役割の違いが存在することは確かである。

　しかし、両者のコミュニケーションのメカニズムにもっと注意を払うと、コミュニケーションの場に参加している人はみな、送り手と受け手の両方の役割を果たしている。

　情報を送る人は、送りながら受け手の反応に関心を払い、ときには伝わっているかどうかを確認する。そのとき情報の送り手は受け手という立場に立つ。また、情報の受け手の立場にある人は、受けた情報について何らかの反応を送り返す。そのときは送り手になっている。このようなメカニズムを、双方通行又は双方向性と呼ぶ。

　しかし現実場面では、情報の送り手は送ることにのみ徹し、受け手は受けることのみの場合が多い。その結果、コミュニケーションの目的である情報の共有、了解ができないばかりか、参加者間の人間関係まで悪化させてしまうことが少なくない。

　コミュニケーションは、情報をうまく伝える効果的な話し方がポイ

ントであることは既に述べたが、話し方だけでは不十分である。その
ほかに「聴く力、聴き方」がある。ここでハーバーマスの言葉を思い
出していただきたい。それは、「コミュニケーションは基本的に人と
人との違いから出発する」という言葉である。

　人はみな異なる存在である。たとえどんなに親しい人であっても、
その人が今、何を考え、何を感じ、何を言おうとしているかは、その
人に聞いてみなければわからない。この事実を理解していれば、まず
は「相手の言うことを聴くこと」が、いかに大切であるかがわかる。
そういう意味で「聴く力」はコミュニケーションには欠かせないもの
なのである。

　最近、管理職や指導者のための研修プログラムの中で「傾聴の訓
練」とか「良いリスナーとなるための講座」などが設けられることが
多くなった。そこでは、役割上自分から話すことが多い管理職や指導
者が、「まずは部下の話に耳を傾けること」を体験的に学習するので
ある。このような研修のおかげで、今まで気付かなかった「傾聴する
こと」の有効さを身をもって経験し、部下や同僚との困難極まりない
話し合いも仕事もスムーズに進み、人間関係が良くなったと喜んでい
る人もいる。

　しかし、逆に「傾聴ばかりしていては管理職としての責務が果たせ
ず、部下の信用も失う」ことを実感した研修受講者もいると聞く。コ
ミュニケーションのポイントとしての「聴く力」とは、具体的にどの
ようなことができることなのだろうか。

（2）聴く力とは

　昨今、コミュニケーションの訓練とかリーダーシップ訓練などで共
通して言われることに、「アクティブ・リスニング（active listening）」
とか「積極的傾聴」という言葉がある。他方で、「耳があっても聴い

ているとは限らない。目があっても見えているとは限らない」とか、「心の耳で聴き、心の目で見る」などといわれるように、コミュニケーションのポイントである「聴く力」は聴覚の鋭敏さをいうことではない。

　コミュニケーションは、それに関わる人々が「意味」を交換し合い、理解することによって成立するともいえる。単に言葉や刺激、情報の交換ではない。言葉を発し、情報を送る人が「伝えようとしている意味」を「わかってもらいたいと思うように」正確に理解することができなければコミュニケーションは成り立たない。したがって、「受け手の聴く力」とは「相手の言わんとしていること、すなわち意味を理解する力」のことである。

　私たちが日常のコミュニケーションの手段として用いる言葉は、数学の用語と異なって内包的意味をもっている。数学の用語は誰がどのような場面で用いても、その用語の意味することは変わらない。それに対して、同一の言葉であっても、誰に対してどのような場面で用いるかによって、その言葉が喚起する情動的なニュアンスは全く異なる。その結果、その言葉が相手に伝える内容も異なる。

　最近のカタカナ語の流行も、言葉が内包的意味をもつことの例である。例えば「化粧品」という歴(れっき)とした日本語が存在するのにもかかわらず、「コスメティックス」という英語が流行っている。両者は同じ化粧品を指しているが、特に若い人々にとって、「コスメティック」という外国語には、化粧品という日本語にはない高級感や流行感という内包的意味が込められているのかもしれない。

　人々が言葉を通して伝えようとする意味は、国語辞典で解説されている内容と決して同じではない。話し手側の個人的背景やその言葉についてもっている先行的経験や先入観、受け手とのコミュニケーションの全体的文脈、言語的・非言語的文脈、両者の心理的関係、外的状況によって、言葉の意味は規定される。

同じ言葉であっても送り手と受け手では、その言葉についての経験が異なるので、その言葉で伝えようとする内容は異なる可能性もあるということである。さらに、言葉の意味に大きな影響を与えるはずのコミュニケーションの文脈や、2人の間の人間関係についての解釈の仕方は決して同じではないこともコミュニケーションを困難にする原因となる。

　「ありがとう」という言葉について考えてみたい。文字どおりには「相手の行為に対する感謝」という意味を伝えるための言葉である。しかし、ある人はこれを単なる別れ際の挨拶として使うかもしれない。また片方は会話が一段落したと思って「ありがとう」と言ったのに、相手はこれから本題に入ろうとしている矢先にお礼を言われたため、「会話を打ち切りたい」という信号と取ってしまい、急に居心地の悪い雰囲気になる。片方は「お礼を言ってなぜ気分を害するのか」と疑いだし、気まずい関係になってその場を去るということもあるだろう。

　また、非常に無表情で冷たく「ありがとう」と言われると、お礼を言われたというよりも、「もう結構」という拒絶の意味に受け取って

しまうこともある。人の口を通して出る言葉は言葉以上のことを伝えるし、「誰に向かって発するかによって意味が変わる」ので、非常に理解が困難なものである。

　言葉を通して伝えられる意味は非常に個人的、状況的であり、とらえにくいものだからこそ、コミュニケーションを正確かつ効果的に行うためには聴く力が必要となるのである。

　それでは具体的にどのようにしたら、「相手の言おうとする内容、伝えようとする意味を理解する」ように「聴く」ことができるのだろうか。

①受け手（聴き手）は、相手の言おうとすること全体を、できるだけありのままに知ろうとする姿勢をもつ

　同じ言葉であっても、その言葉に秘める意味は人によって異なるとしたら、その言葉を通して伝えたい意味を一番よく知っているのは情報の送り手、すなわち話し手である。また、言葉の意味は全体の文脈を通して明らかになるので、聴き手が言葉の意味を把握しようとしたら、話の全体を話し手の立場に立って聴くことが最も近道なのである。

②受け手（聴き手）は、自分が理解したと思う内容を要約して、送り手（話し手）に確認する

　一区切りついたところで、「あなたのおっしゃりたいこと（気になること、ご希望など）は○○○○ということでしょうか？」というような質問の形で、あるいは「あなたが○○○○のことを私にお聞きになりたいと思われるのですが、いかがですか」というような問い掛けの形で、聴き手が把握したと思う内容を話し手に確認してみる。話し手はそれを聞いて、自分の言いたかったことを再確認し、責任をもって、伝えたい意味を言語化できる。こうして両者が徐々に、同じ内容を共有することができるようになる。

　話し手もいつも正確に自分の言いたいことを認識し、把握して話し

ているとは限らない。聴き手から確認されることによって、自分の言いたかったことを認識し直すこともできる。

③受け手（聴き手）は、理解を促進するために質問をする

　日本語では「尋ねる」というときにも「聞く」という言葉が使われるように、相手が言おうとすることを理解するためには、必要な質問をすることは重要である。ただそのときに、聴き手自身の関心や好奇心から出る質問は話し手を混乱させることもある。聴き手は自分の発する質問が「相手の伝える意味を把握するために必要な質問であるのか」、あるいは「話し手の話を発展させるための質問なのか」、それとも「聴き手個人の関心でする質問なのか」を区別できる能力が求められる。要するに、何のために質問をするのかを自己認識できる能力が求められる。

（3）カウンセラーの態度・技法の応用

　コミュニケーションのポイントとして「聴くこと」の重要性を指摘し、そのための具体的な態度や技法を紹介したのはカウンセリング心理学者たちだった。カウンセリングは「言葉を主なる手段とし、カウンセラーとクライエントとの相互作用（人間関係）を土台として、クライエントが自ら問題解決をしていけるように援助する心理的過程だ」といわれる。言語的コミュニケーションを手段とした援助過程なので、カウンセラーには言語的コミュニケーションの専門家としての能力が問われるのは当然のことである。中でも、カール・ロジャーズ（Rogers, C.）の影響は非常に大きい。そこで、カウンセラー教育の中で強調された「聴くこと」について簡単にみてみたい。

①カール・ロジャーズの影響

　日本でカウンセリングといえば、カール・ロジャーズといわれるくらい彼の影響は大きい。しかし彼の理論や考えが必ずしも正確に理解

されているとはいえない。特に「聴くこと」に関しては誤解がないわけではない。

　カウンセラーにとって「聴くこと」の重要性は、ロジャーズが最初に指摘した。1942年に出版された『カウンセリングとサイコセラピー』の中で伝統的なカウンセリングを批判し、自分のアプローチを「非指示的カウンセリング」と呼んだ。伝統的なカウンセリングでは、カウンセラーはエキスパートとして忠告や説得を主な方法として来談者（相談に来た人）を方向付ける。それを「指示的カウンセリング」と呼び、直接的問題解決には役に立つこともあるが、来談者を成長させることにはならないと批判した。

　そして来談者の内にある成長への力を信じて、それを引き出すカウンセリングの有意味性を唱え、診断や指示的方法を一切否定した自分のアプローチを非指示的カウンセリングと呼んだ。非指示的カウンセリングでは、カウンセラーは鏡の役割を果たし、来談者の言ったこと、感じたことを反映することだけを行う。

　そのために、来談者の話をただ黙って聴いていて、ときどき「ウン、ウン」とか、「はぁ、はぁ」といって相づちを打ったり（簡単な受容）、来談者の言葉をそのまま繰り返す（繰り返し）とか、来談者が感じていると思われることで、適切な表現がなされていないときに、それを明確な形で言う（明確化）などの技法のみを用いることを奨励した。いわゆる、日本ではこの技法は「ノンデレ」とか「非指示的」と呼ばれ、これをロジャーズのカウンセリングだと誤解している人が少なくない。

　しかし、ロジャーズ自身1946年以後は非指示的という言葉を廃棄し、技法よりもカウンセラーの態度を重要視するようになり、専ら「クライエント中心」という用語を用いるようになった。その後もロジャーズは自分のアプローチを発展させ、その度に強調点を変え名称も変化

させていった。そして「相手の内的世界にとどまること」は重視し続けた。しかし、「黙って聴くこと」やその他の技法を生み出すことはしなかった。

コミュニケーションとの関係でロジャーズの影響を考えるとき、もう１つ指摘しておきたいことは、「人間関係の質の重要性」と人間関係づくりに不可欠の条件として「基本的な態度の重要性」である。彼はカウンセラーとしての経験から、人間関係を含む広範囲にわたる種々の専門職において、その効果性を決定する最も重要な要素が人間相互の出会いの質であり、その質を高めるためには、専門家のほうが、自己一致、共感的理解、無条件の積極的関心という態度をもつことだということに気付いたと述べている。

共感的理解とは、クライエントの私的な個人的意味をもつ内的世界を、あたかも自分自身のものであるかのように——この「あたかも……であるかのように」という条件を決して失ってはならない——理解することであり、この理解を伝え、さらにクライエントがほとんど気付いていないクライエント自身の経験で、クライエントにとって有意義なものを言い表すことである。

そのためには、「カウンセラーが一層敏感に聴き、言葉、振る舞い、態度で表す微妙なクライエントの意味を一層よく理解し、こうしてこれらの表現の意味に一層深く自由に自己の内面で反響できるようになる」ことが重要だと述べている。

ロジャーズは共感的態度の説明の箇所で、「自分は『クライエントの言ったことを繰り返す』擬似的理解のぎこちない技法を教えているのではない……が、このアプローチが（そのように）解釈されるのをみるとき、少なからず恐怖を感じる」と率直に語っていることに耳を傾ける必要がある。

「傾聴の訓練を受けて、人の話を最後まで我慢して聞くことの大切

さを体験できた」と喜ぶ管理職もかなりいる。今まで、「人は自分の言うことは聞くはずだ」、「わかりましたと言うのだから、わかったはずだ」と思ってきた人たちが、実際には相手に何も伝わっていなかったことに気付き、相手と会話ができていないことを痛感したとき、「黙って聴く」ことの価値に気付くことは確かにある。

　しかし他方で、注意しなければならないことも起きている。それは、「傾聴」を技法と考えた結果、相手の言ったことを繰り返すだけで、質問もアドバイスもしない人が少なくないということである。

　しかし「聴く」とは、「黙って耳を傾け、ときどき相づちを打つくらいで自分からは話さない」という技法を指すのではない。「相手の話を理解するために、まずは黙る必要がある」という前提に立っており、コミュニケーション能力の一部を指すのである。欧米人とつきあってみるとわかるが、大方の欧米人は、他人の話に耳を傾けるよりも自分が話すことが得意で、話すことに価値を置く。このような文化的背景にあっては、「黙って聴く」ことの価値には気付かないし、そのような訓練も受けていないからこそ、カウンセリングの効果を上げるためには聴くことが強調されたのであろう。自分のことを上手に表現できない人に対しては、表現できるように援助することが求められるはずである。

　日本人の間でも、自分から話すことが苦にならない人とか、自分の論理で話の主導権を取りがちな人にとっては、欧米人と同様、コミュニケーションの効果を上げるために「聴く態度と能力」が求められる。

②アレン・アイヴィのマイクロ・スキルズ

　アレン・アイヴィ（Ivey, A. E.）は、様々なカウンセリングアプローチに立つカウンセラーの行うカウンセリング面接を分析し、成功するカウンセラーに共通する基本的スキルを抽出し、階層化できる基礎的なマイクロ・スキルズの階層図（図4－1）として表現した。さらに

それに基づいてカウンセラー及び管理職などのコミュニケーションスキルズの訓練体系を開発した。

　アイヴィのいうスキルは、そのようなスキルを実践できるという意味なので、能力と言い換えることもできる。彼はコミュニケーションスキルの中でも、最も基礎的な一連のスキルを「基本的傾聴の連鎖」

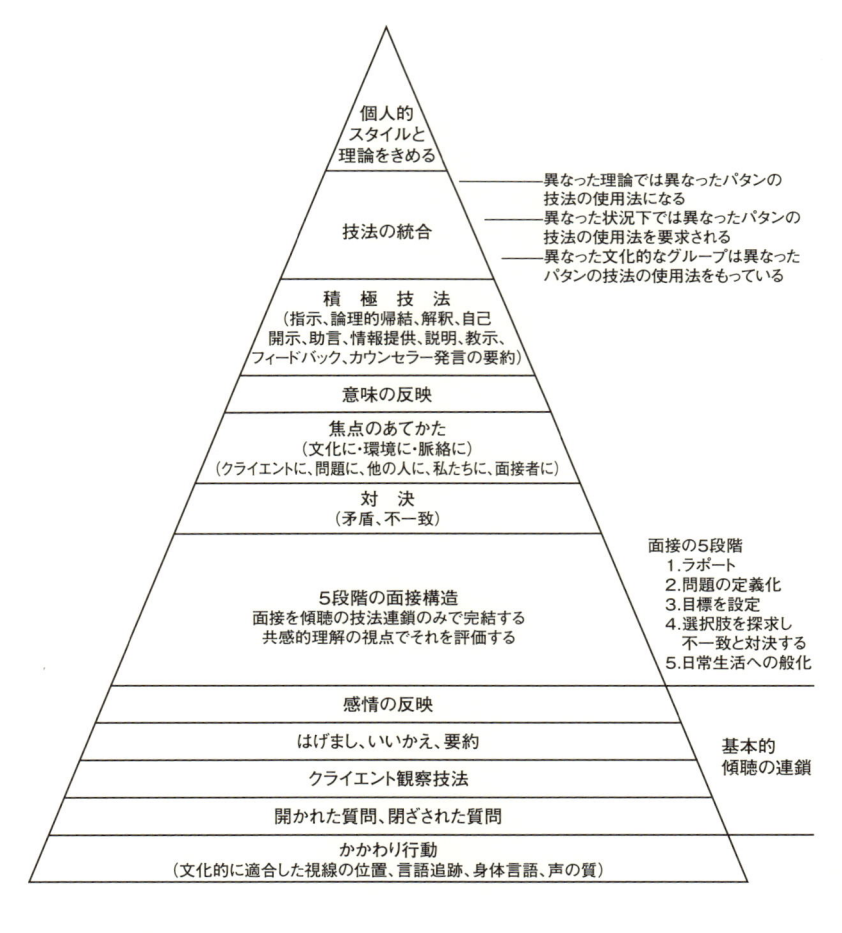

（出典）福原眞知子　アイビイ，A.　アイビイ，M.　著『マイクロカウンセリングの理論と実践』風間書房　2004　p.19

図 4-1　マイクロ技法の階層図

と呼んだ。傾聴の能力（スキル）はこの「基本的傾聴の連鎖」の中に位置付けられている。彼が体系化したスキルの階層モデルによると、「基本的傾聴の連鎖」とは「開かれた質問と閉ざされた質問」、「はげまし、いいかえ、要約」、そして「感情の反映」の3つの行動が実現できることである。しかし傾聴のスキルは、これら3つの行動ができることだけでない。

　アイヴィは、「基本的な一連の傾聴のスキル」の実現のためには、もっと基礎的な能力を必要とすると述べている。彼はコミュニケーションの土台を「関わり行動」と呼んだ。それは、目の合わせ方、身体言語、声の調子、相手の話すテーマにとどまるなど、話し手が安心して自由に話せるようになる関係をつくるのに役立つ聴き手の行動である。

　さらに、もう1つ基礎的な能力として「相手を観察するスキル」、つまり話し手の自分自身に対する見方や物事の考え方、感じ方、言語的・非言語的行動の特徴、人との関わり方などに気付く能力を掲げている。

　要するに、相手の話が聴けるようになるためには、その前提として、まず話し手が安心して話せる状況をつくり出すような関わり方ができることである。そして、目の前にいるその場の話し手の心理的状態や話し手の行動特徴を把握する能力をもつことが必要だということができるだろう。良い聴き手とは、目の前にいる話し手の状態をできるだけありのままに観察でき、敏感に感じ取れる能力をもっている人といえるだろう。

（4）聴き上手は話し上手

　「話し上手は聴き上手」といわれるが、言い換えれば「聴き上手は話し上手」である。「聴くこと」と「話すこと」は表裏一体なのである。話し上手とは、話し手自身が自分のことを評価する言葉ではない。聴

き手から話し手に対する褒め言葉である。聴き手が「あの人の話していることはよくわかる」と感じられるから、話し上手と評価する。聴き手に通じる話し方ができるのは、話術が長けているからではない。聴き手の身になって話せるからである。「聴き手が自分の話をどのように受け止めているか」に注意を払っているからである。

話し上手と呼ばれる人は、決して自分の話に酔いしれることはない。聴き手の立場に立てるのである。話しながら「関わり行動」や「観察能力」を用いて、聴き手との関係を重視し、聴き手に敏感に反応しているのである。話しながら聴き手の反応を感じ取っているのである。

（5）「聴くこと」の効用

「聴く力」はコミュニケーションの成功だけに役立つのではない。そのほかにもいろいろな効用がある。まず、人間関係をよくするのに役立つ。特に管理職とか指導的立場に立つ人にとって、相手との人間関係の良し悪しが職務の遂行に大いに関係する。ここでいう人間関係とは、そのために特別のことをするのではなく、日常業務の遂行の中で聴く力を発揮することでつくられる。

「話し上手になるためには聴き上手であれ」ということからもわかるように、自分の話を聴いている人に関心をもって話し、自分の話を聴いた人の反応を感じ取り、聴けることである。また、相手が話し掛けてきたときには「相手の言おうとする意味を理解しようとする」態度で接することである。その結果、相手は「自分はこの人から尊重され、自分の言おうとすることがわかってもらえた」という気持ちをもつことができる。その過程で徐々に信頼感が深まり、仕事を通して人間関係がつくられていく。

「聴く力」は、議論や討論を効果的に進めるためにも役に立つ。議論や討論は課題や目的が明確であり、論理的な行為のようにみえるが、

実は参加者はかなり感情で左右されがちである。そして、気付いたときには感情的な対立となり、実りのない空しさだけが残ることにすらなりかねない。その原因は参加者間、主催者と参加者間でのちょっとした誤解や意味の取り違いがきっかけであることが多い。

　「聴く力」は、こうした初期の段階での誤解や言葉の行き違いを回避し、議論の方向を目的に向かって修正するのに貢献する。「聴くこと」とは能動的で積極的な行為である。話し手は聴き手の聴く力によって、自分の言いたかったことが明確になり、話の内容が明確になっていくことも経験できるのである。

（6）「聴き方」の練習
①聴く練習の必要性

　「聴く力」、つまり相手の言おうとしていることや、意味を理解する能力を身に付けるにはどうすれば良いだろうか。

　欧米にしろ日本にしろ、学校教育や家庭教育で強調されているのは、知識的な事柄、自分の考えや意志をいかに明確に表現するか、そして相手に負けずに主張するかである。そのためにクラスでの「発表」や「ディベート」という討論法が行われてきた。しかし、「聴く」ためのトレーニングはほとんど行われてこなかった。その方法が開発されたのは、50年ほど前にカウンセリングの諸理論が体系化され、カウンセラーの養成が必要になってからである。前に述べた管理職や指導者研修での「傾聴の訓練」や「リスナー講座」は、その応用である。

　一般にこの「傾聴の訓練」は、理論の講義とそれに基づく実践的な訓練からなることが多い。理論の講義では、これまでに述べてきたような基本的なコミュニケーションのメカニズムやカウンセリングの理論、そして、どのような聴き方をすれば良いかの知識を与える。しかし、それだけでは畳の上で水泳の練習をやっているようなもので、効

果的な聴き方ができるようになるには実際にやってみること、つまりトレーニングが必要になる。

　人間が、ある行動ができるようになるには、それに必要な脳の神経細胞同士の結合を強めなければならない。それには、何回も同じ行動をすることによって脳細胞の間に回路を構成しなければならない。

　人間が言葉を話せるようになるのも、乳児期の「アー」とか「ウー」という基本的な発声を、親などの周囲の人間の反応や発声を見聞きしながら試行錯誤で修正し、相手に通じる音につくり上げていくからである。さらに知的に発達した段階になると、単に試行錯誤だけによるのではなく、知識を利用した効率的なトレーニングが可能になる。

　これらのことは「話す」ことだけでなく「聴く」ことにも当てはまる。そして、より良く「聴く」には、やはりトレーニングが必要なのである。

②聴き方のトレーニング方法

　それでは、どのようにトレーニングすれば良いのだろうか。カウンセラーの養成訓練では、ロールプレイという方法を用いることが多い。ロールとは「役割」、プレイとは「演技」のことで、つまり現実そのものではないが、それに近い状況を想定し、役割を決めて練習する。具体的には、カウンセラー役（聴き手）とクライエント役（話し手：相談ごとのある人）をそれぞれ決め、クライエント役が想定した課題（これは、クライエント役の人自身の本当の悩みごとでも良いし、自分の体験ではなく見聞きした事例を演じても良い。自分の体験のほうがリアリティがある）について短時間のカウンセリングを行う。

　カウンセラー役は、「（2）聴く力とは」の①、②、③を基本として意識しながらクライエント役の人の話を聴く。そのやり取りを録音・録画して、後で再生しながら、そのプロセスを逐語的に振り返り、主にカウンセラー役の聴き方について検討する。

　そこでは、クライエントの「知」「情」「意」をどこまで理解できたか、

自分の言動がクライエント役にどのような影響を与えていたか、自分の、「話す」「聴く」「見る」などの何らかの行動の元にある意図や感情に気付いていたかなどを、クライエント役の人の率直な感想を聴きながら検討の対象とする。

　例えば、クライエント役のＥさんとカウンセラー役の次のような会話があったとする。

　　Ｅさん　　　　　「このごろどうも仕事がつまらなくて……何か乗らないんですよ」
　　カウンセラー役　「ああ、そうですか。」（平板な調子で）
　　Ｅさん　　　　　「……」

　このときのＥさんの心の声は、「何か上の空の返事で、次に言おうと思っていたことを言いにくくなってしまったなぁ」というものだったと後で感想を述べたとする。

　それを聞いたカウンセラー役の人は、そのときの自分の心の中では、「『つまらない』ってどういうことだろう。仕事が性格的に合わないってことか、上司との間で何か不満でもあるのかなぁ。それとも単なる我がままなのかな」といろいろ考えてしまって、Ｅさんの言おうとすることに集中できていなかったことに気付く、といった検討がなされるのであろう。

　普段の日常会話の中では、いちいちこのようにやり取りを振り返っている余裕はない。しかしトレーニングの場では、一つひとつ丁寧に自分の聴き方をチェックして修正することができる。より丁寧に検討するには、２人の会話を録音・録画して、一言一句正確に文章にして逐語録をつくり、それを見ながら振り返りをする方法もある。

　このトレーニングでは、カウンセラー役とクライエント役のほかに

もう1人、2人の会話を観察して第三者の目で感想を述べる人を置くこともある。

　1回の会話の時間は、長ければ長いほど検討すべきことが増え、振り返るのが大変になるので、10分〜20分程度で十分である。

③聴き方の練習

　ここで聴き方の簡単なテストをしてみよう。次の会話は、ある公的機関のF課長と、その部下であるG係長との間で交わされたものである。G係長の言い分に対して、F課長にはa、b、c、dの4通りの応じ方をしてもらった。さて、あなたがF課長だったら、このうちどの答え方をするだろうか。自分の日ごろの対応に一番近いものを選んでみてほしい。

F課長1「おい、どうしたんだ。何だか機嫌がよくなさそうだね。何かあったのか」

G係長1「全く。総務は何で、今ごろこんな文書を回してくるんですかね」

F課長2

　　　a「そんな他の課のことをとやかく言うもんじゃないよ。君は君に与えられた仕事を着実にやっていればいいじゃないか」

　　　b「何だか知らんが、不満があるなら総務へ直接掛け合ってみるか？　無駄だと思うがな」

　　　c「ずいぶん頭にきてるようだね。いったい総務がどうしたというんだ」

　　　d「なに。また総務が無理難題をふっかけてきたのか」

G係長2「総務の連中は、我々現場のことを何だと思ってるんでしょうね。無視するのもいい加減にしてほしいですよ」

F課長3

a 「いや、決して無視しているわけじゃないと思うよ。そんなにムキになるなよ」

b 「おいおい、こっちも今忙しいんだ。そんなことで感情的になっているヒマはないぞ」

c 「ああそうか。総務が我々現場を軽視しているっていうんで、それでアタマにきてるのか。なるほど」

d 「けしからんな、この間もこっちが泣かされたんだからなぁ」

G係長3 「総務は通達を出せばそれで済むかもしれないけど、こっちはおかげで窓口業務の割り振りを、また練り直さなきゃならないんですよ」

F課長4

a 「そりゃあ、ある程度しょうがないだろう。何とかしてやれよ。忙しいときはお互い様じゃないか」

b 「人のせいにするもんじゃないよ、向こうには向こうなりの事情があるんだろう」

c 「なるほど。計画の全体枠が変わってしまったら、君たちの仕事の配分を初めからやり直さなければならないわけだ」

d 「そりゃあ総務に文句を言って、撤回させるべきだね」

G係長4 「それに、連中のいかにも偉ぶった態度も気に入らないんです。この役所を支えているのは、我々現場の人間じゃないですか」

F課長5

a 「しかし君、それは口にしちゃいかんことだよ。今度は総務の連中がヘソを曲げるぞ。勘弁してやれよ」

b 「そうカッカするなよ。仕事に感情を持ち込んだら面倒なことになるぞ」

c 「そうか、現場あっての役所だということを総務や上の連中にわかってもらいたいということかな」

d 「全くなあ。連中、そこんところが全然わかってないものな」

G係長5 「もちろん、総務で全体をみて調整してもらわなければ、いろいろ齟齬が出るし、そういう意味では、総務も大事なんでしょうけど 」

F課長6

a 「そうだよ、わかってるんじゃないか。うまくやってくれよ」

b 「まあ、今さら文句言っても始まらんし、これからどうするつもりだ?」

c 「総務も窓口もそれぞれ大事だということかな。ふむ。ところで、その問題については、君はどうしたいのかね。私に何かできることがあったら言ってくれたまえ」

d「今後のこともあるんだから、この際もう一度総務に掛け合ってきたらどうかね」

G係長6 「総務だけ責めても無理があるのはわかってます。もう一度うちの係で、どうしたら良いか話し合ってみて、いい案を考えてみますよ。その上で課長に動いてもらうなら、またお願いに来ますよ」

F課長7 「そうしてくれるとありがたいね。私も考えてみるよ。ただ総務の担当者にも、その辺の事情をひとこと言っといてくれよ。向こうも考えるだろうから」

G係長7 「そうですね。じゃそうします」

　さて、あなたはF課長の発言2〜6のそれぞれについてa〜dのどれを選んだだろうか。これまでの聴くことの説明を読み進めてきた読者は、どの言い方が望ましいかは大よその見当がついていると思う。

もちろん全てｃが最も望ましい言い方である。

　ちなみにｃは、相手の係長の言わんとすることをとらえることに専念しており、自分の意見を一時棚上げにしている。このような応対をされたＧ係長は、初めは感情的になっていたが、自分の憤まんを受け止められて「Ｇ係長６」辺りから冷静になり、事態を客観的にみるようになっている。

　ところがａ、ｂ、ｄの応対は、課長の意見や価値観を出し過ぎており、このような応対をされたＧ係長は、一層総務への不満を募らせるか、新たにＦ課長への不満や不信が生じてくる可能性がある。

　ａは「総務服従型」であり、何とかＧ係長をなだめすかそうという意図が明白である。ｂは「ことなかれ型」で、ゴタゴタを回避するためＧ課長は関わりを避けようという思いがみえる。ｄは「同調・あおり型」で、Ｇ係長と一緒になって総務批判を繰り広げている。いずれも総務と現場の関係の問題を創造的に解決することは困難と思われるし、Ｆ課長とＧ係長の間の信頼関係も危うくなるのは想像に難くない。

第5章

コミュニケーションするのは
何のため？

　本章では、第2章で述べた対人コミュニケーションの目的のうち、「自分の要求や期待を成就するため」、「相手との関係をつくったり維持したりするため」、「社会的承認を獲得し、自分らしさをつくるため」について、さらに詳しくみてみたい。

⬜1 自分の要求や期待を成就する

　コミュニケーションの目的は、送り手が受け手に対して抱いた「こうしてほしい」という要求や期待を成就することだろう。

　受け手との間で、それまでにある程度の共通理解があり、受け入れ態勢が出来上がっている場合は、「今度の日曜の午後にお宅に遊びに行っていい？」、「うん、いいよ。待ってる」と、送り手の要求事項はすんなり成就される。

　しかし、要求内容や相手との関係、そのときの状況によっては、受け手が難色を示し、「えっ何で？」、「突然言われても…」、「ああその日は、他に用事が……」などと、送り手の要求は断られることも多い。

　その要求内容が送り手にとってそれほど重要でなければ、「じゃあ、またそのうち」で済んでしまうが、仕事上、生活上などの都合で、あきらめたり、引き下がるわけにはいかない場合は、そうはいかない。

　そこで私たちがとるコミュニケーション行動の1つは、送り手が何らかの「力」の強弱関係に基づいて、強制力つまり賞か罰を与えることを背景に行う「指示・命令」と呼ばれるもので、受け手は原則的に断ることを許されず、送り手の要求を正確に理解し、そのとおりに行動することが求められる。

　また、「説得」という行動がある。この場合は送り手は強制力ではなく理屈や信頼、人情などを用いて、受け手に納得させて要求や期待どおりに動いてもらう。

　さらに、「協議・交渉」という行動では、送り手は一部「説得」を行いながらも、受け手の要求との突き合わせを行い、双方が納得する妥協点を模索する。

　そして「相談」という行動では、送り手のほうが受け手からアドバ

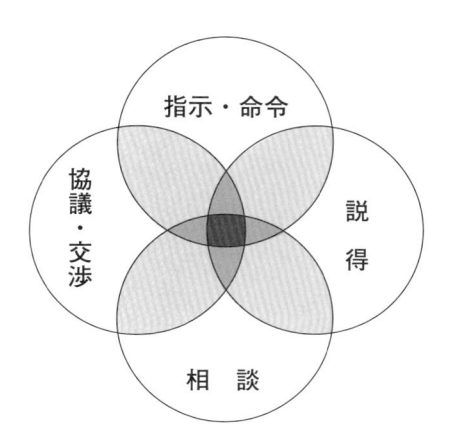

図 5-1　コミュニケーションの目的と形態

イスやヒントというフィードバックを得て要求を成就する。

　もちろん、この４つのコミュニケーション行動以外にも要求成就の行動はあるし、これらも実際の場面では単独ではなく入り組んで使われる。「指示・命令」が効かない場合には、「説得」や「協議・交渉」に切り替えることが行われたりする。ここでは、４つのコミュニケーション行動を規定する要因や条件、効果的なあり方などを検討してみたい。

> ●この「指示・命令」「説得」「協議・交渉」「相談」の４つのコミュニ
> ケーション行動のうち、あなたが一番得意なものはどれですか。ま
> た一番苦手なものはどれですか。それぞれについてその理由を書き
> 出してみましょう。

（1）指示・命令のコミュニケーション

　「指示」と「命令」では強制力の強さが多少違うが、一般に権力・権限の大きい人が、その意思や意図を実現するために権力・権限の小さい、あるいはない人に対して何らかの強制力を伴って発信する行為である。この指示・命令のコミュニケーションを考えるに当たっては、まず、それがどういうメカニズムで行われるのかを理解し、対応を考える必要がある。

①指示・命令のメカニズム

1）職場組織では

　この指示・命令のコミュニケーションは主に、企業、自治体、諸団体などの公的な組織の活動の中で行われることが多い。そこで、職場組織での指示・命令の法律的な原則論から考えてみよう。

　職場組織では一般に、雇った者（使用者）と雇われた者（労働者）の間に上下の権力関係が存在する。それは、労働契約や就業規則によって、使用者は、その組織の目的遂行に必要な労働行為を労働者に指示・命令することができ（業務命令権）、労働者にはそれに従う義務が生じるという関係である。労働者が、法律や労働契約に違反するなどの正当な理由がないにもかかわらず、それに従わない場合は契約違反となるので何らかの「罰」を与えられることになる。

　また組織論的に考えると、組織は、その目的を遂行するために必要な職務（仕事）を分け、人を配置し、それぞれに役割を付与する。それぞれの役割が十分に果たされないと目的が遂行されなくなるので、そこに役割を果たす「責任」が生じる。そしてその責任を果たすために、人・もの・金・情報を動かす「権限」が付与される。一般に、この「責任」「権限」は組織の上部で大きく、下部にいくほど小さくなる。つまり、組織トップ（使用者）の権限は、管理監督者層に順次小分けにされて委譲され、上司部下の関係が成立する。

　この「権限」の実行が、送り手のコミュニケーションの形態でいえば「指示・命令」となり、受け手には、強制力を伴ったメッセージとして受け止められる。前出のB子さんのような立場の労働者にとっては、「指示されたやり方より、こうしたほうがうまくいくんじゃない？」と思ったとしても、「いいから指示通りやれ！」と命令されれば、従わざるを得ない強制力になる（もちろんこれは原則論であって、現実の対応は多様に異なるが）。

　送り手が指示・命令コミュニケーションを行うとき、また、受け手がそれを受けるときには、この責任・権限関係のメカニズムが働いていることを認識しておく必要がある。そうでないと、パワー・ハラスメント、モラル・ハラスメント、職場のいじめ問題などに結び付く危険性もある。また、指示・命令コミュニケーションは、職場での雑談や友人との世間話とは、次元が違うことをわきまえておかなければならない。上司と部下の関係にない職場の人や友人との関係に、この指示・命令コミュニケーションをもち込むと無用の不満が募り、相手との間に感情的なしこりが残ることになりかねない。

2）学校、家庭、地域で

　指示・命令コミュニケーションは、職場組織の中だけでなく学校や家庭、地域でも行われている。ただし、そのメカニズムは異なる。

　学校における教師と生徒・学生の関係は、もちろん職場組織における労働の売買契約に基づく上下関係ではない。学校の目的は、教育というサービスの提供であり、教師はその役割を担う。生徒・学生は、そのサービスを享受するいわばユーザーである。したがって、その関係は上下ではなく対等になり、学校では権力や権限、つまり「罰」を背景にした指示・命令コミュニケーションは、本来なじまない。

　ただ、教育の性質上、教える側と学ぶ側では知識や技能、経験の多寡の差と、成績評価をする側とされる側の違いがあり、それが擬似的

な力の上下あるいは大小の関係になりやすい（成績評価も、生徒に優劣を付けたり落第させるという「罰」的なものではなく、本来、教育あるいは学習不足のところを見付け、補うために行うものであろう）。

　また、学校では原則として、クラスという集団を教育・学習の場としており、その教育・学習の効果を上げるためには、一定の規則によって規律を維持する必要が出てくる。さらに、社会生活に必要な集団行動のあり方を身に付けることそのものが、教育目的にもなっている。したがって、カリキュラムや校則を逸脱しないように管理（統制）する側と、管理される側という力の関係が生じる。

　家庭内の夫婦、親子の関係ではどうだろう。もちろん職場組織のような公式の責任・権限関係はないが、特に子供が未成年の親子関係では、学校に類似したある種の力関係は存在する。親のほうが知識や技能、経験が多く、何よりも親が産んだという血縁関係が「子供は自分のもの」といった所有意識を生じさせ、それがやはり力の上下あるいは大小関係として認識されやすい。また、家庭の秩序、親和を維持するために、一定の生活のルールを設ける。そこに管理（制御）する側と、管理される側という力の関係が生じやすく、親を送り手とした指示・命令コミュニケーションが行われる。

　例えば、次のような言い方である。

　「ゲームなんかしてないで勉強しなさい」

　「自分の部屋を片付けなさい」

　「門限は夜8時だからね」

　「そんなみっともない格好はやめなさい」

　ただし、職場や学校ほど強制力は強くなく、しばしば受け手の子供から反抗や反論が返ってくることもある。

　夫婦はいうまでもなく、もともと血縁関係がない他人が合意の上に自分の意志でつくった対等な関係である。しかし、男女という性、あ

るいは経済力、年齢差が絡んだ夫婦間の役割分担のあり方によって、やはり力の関係が生じやすい。しかもそれは、事柄によって複雑に入れ替わる。もっともそこでのコミュニケーションは、対等意識と力関係の入れ替わり意識があるので、一方的な「指示・命令」というよりは、「説得」、「協議・交渉」、「相談」をない交ぜにした「お願い」や「提案」調の場合がほとんどである。当然、受け手から拒否や反論が返ってくることもしばしばある。

　例えば、次のような言い方である。

「そんなもの買ってどうするの」

「もう少し地味な格好したら」

「自分の服は脱ぎっぱなしにしないで」

「今度の休みは、つきあいゴルフの予定入れないでよ」

　この夫婦の場合に近い関係には、恋人関係や友人関係がある。これらは婚姻という法律的な保障がない分だけ束縛は緩く、選択の自由が大きいので、ますます指示・命令コミュニケーションはなじまない。

　その他、地域でも指示・命令コミュニケーションにしばしば出会う。その多くは、自治体や公共施設、商業施設、交通機関などが社会的な秩序維持のために行っているもので、やはり一方的な「指示・命令」というよりは、「説得」、「協議・交渉」、「相談」をない交ぜにした「お願い」や「提案」調の場合がほとんどである。

　例えば、次のような言い方である。

「こっちは通行止めですから迂回してください」

「もう満席ですから入らないでください」

「乗車口には３列で並んでください」

「おタバコはご遠慮ください」

（ただし、自治体の警察署、消防署、税務署、保健所などの行政機関には、法令をバックにした公権力があり、従わないと公的な「罰」が科せられること

がある)。

　職場組織の場合と同様に、学校や家庭、地域で、送り手が指示・命令コミュニケーションを行うとき、また受け手がそれを受けるときには、これらのメカニズムが働いていることを認識しておく必要がある。特にこれらの場合、「指示・命令コミュニケーションは、本質的になじまないかもしれない」という認識が必要だろう。それなしに、指示・命令コミュニケーションをもち込むと、やはり互いに無用の不満が募り、感情的なしこりが残ることになりかねない。さらには、アカデミック・ハラスメント、ドメスティック・バイオレンスなどに結び付く危険性もある。

●最近、あなたが、親子、夫婦、友人などプライベートな関係の人に指示・命令的な言い方をし、相手が従わなかったときを思い出し、そのときの相手の気持ちを推測して書き出してみましょう。

②指示・命令の仕方のポイント

1）職場組織では

　指示・命令の仕方を、第2章でみたプロセスに沿って考えてみよう。

　まずは、そのときの状況から、送り手（上司）の心の「知」の領域で、ある課題を解決する必要性を認識し、それをどの受け手（部下）にやらせるかを考え、メッセージを構成することになる。

　その際当然ながら、その課題が受け手の職務分掌とキャパシティ（能力容量）の範囲内のことかどうかを確かめておかなければならない。もちろん多少の幅はあってもよいが、大きく逸脱することは受け手の反発や不満を引き起こす。

そして、受け手が理解しやすく受け止めやすい記号とメッセージを考え、表現する。基本的には、何をいつまでにどうすればよいのかを明確に表現しなければならないが、その後で必要に応じて、その指示・命令の内容がその部署の仕事にとってどういう意味をもつのか（大事なことか）を説明すること、その指示・命令でわからないこと、困ることはないかを問い掛け、必要な情報を補い、了解（理解、納得）させることが必要である。なかなか了解が得られない場合や、やる気を高める必要がある場合には、「説得」や「協議・交渉」も交えることになるだろう。

　さらには、言語的な表現だけでなく、内容の緊急性、重大さ、秘密性などに応じて、真剣な表情をしたり、声のトーンを低めたり、前かがみの姿勢をとったりといった非言語的な表現も意識して行う必要がある。これらはいずれも、送り手と受け手の間の共通理解を促進するための努力の一環である。

　次に受け手は、送り手のメッセージを聴覚や視覚などのチャンネルを通して受信し、その内容を解読する。そして、「知」の領域では、その指示・命令の内容でわからないことや確かめたいこと、自分の今の状況でできるかの判断、それを受けて実行すると、その結果は自分にとってどんなメリットがありそうか、断ったらどうなりそうかなどの「考え」が生じる。同時に「情」の領域でも、「嫌だ」、「面倒だ」、「できるか不安」、逆に「うれしい」、「面白そう」などの感情も湧いてくる。

　送り手はこれらの思いのうちから、その場で発信してもよいメッセージを構成して表現する。そのやり取りの結果から、断る積極的な理由がなければ、了解の心境になり指示・命令の内容を実行することになる。

2）学校、家庭、地域で

　指示・命令コミュニケーションは、学校、家庭、地域では本質的になじまないが、事柄や状況、相手との関係によっては行わざるを得ない場面も生じる。その際の原則は、職場組織の場合に準じたことがいえる。ただし「説得」や「協議・交渉」、「相談」の要素を常に交えなければならないだろう。

　いずれにせよ、これらの指示・命令コミュニケーションのプロセスが円滑、かつ効果的に進む根本的な要素は、送り手と受け手の間の性格、価値観、育ちや経歴、趣味嗜好を含めた人間的な相互理解（共有）とそれに基づく信頼感であることはいうまでもない。

3）「褒める」と「叱る」

　指示・命令コミュニケーションは、指示・命令を発して終わりではない。送り手としては、指示・命令した内容が確実に実行され、所期の目的を事柄的に達成できるかどうか、途中でフォローしたり、最終結果の確認と評価をし、併せて受け手の人間的な評価と今後の育成についても考えなければならない。

　フォローの都度、指示・命令とは異なる「相談」的なコミュニケーションであるアドバイスをしたり、それに伴って「褒める」「叱る」コミュニケーション行為も加えることが多い。この2つは、本来その字義からすると、両方とも相手のやる気を維持させたり向上させるポジティブな意味がある。

　「ほめる」の漢字には「誉める」と「褒める」があるが、「誉」は、その漢字の構成からわかるように「言葉で人を持ち上げる」ことで、功績や善行を称賛する。しかし、どこか上から目線で「おだてて、いい気持ちにさせる」匂いが付きまとう。「ヨイショする」という言い方があるが、言い得て妙である。

　一方の「褒」は、「保」と「衣」からできていて、「人を大きな衣で

包み込む」、つまり「よくやったね」と人の功績や善行の苦労をねぎらう意味だという。どこか相手への思いやりが感じられる。

　「叱る」はどうであろうか。これは「口（くち）」と「匕」から成り立っている。「口」は話したり、食べたりする口。「匕」は、象形文字的には匕、スプーンの意味だという。つまり、口に匕で食べ物（栄養）を入れてやることで、奇しくも第2章②の「らせん状のフィードバック・プロセス」で述べた"フィードバック"に似た意味である。これも相手への思いやりが感じられるポジティブな言葉である。

　似た言葉に「怒る」があるが、これは「奴」と「心」で成り立っている。「奴」は「人をののしる」意味で、そういうネガティブな「心」でする行為である。多くの場合、自分の中のネガティブな「情」にのみ注意がいって、「自分の言うことを聞かなかった」、「馬鹿にされた」、「自分の面子（面目）をつぶされた」という感情に支配され、相手を強く非難する。そこには、相手の立場や「情」、「意」への思いやりは、ほとんどない。「怒」られた相手は、たとえ自分に非があったとしても、どんな気持ちになるかは皆さん経験済みであろう。

●最近、あなたが人を「褒めた」り「叱った」ときを思い出し、そのとき心の中に生じていた、自分の本音の気持ち（感情や意図）を単語にして書き出してみましょう。

4）「送り手」が「受け手」に及ぼす影響力

　指示・命令コミュニケーションで送り手が受け手に及ぼす影響を考えるときに参考になるのは、グループ・ダイナミックスの研究成果

だろう。ホワイトら（White, R. & Lippit, R., 1954）の「民主的、専制的、自由放任的リーダーと生産性の関係の研究」で、大学生をリーダーにし、小学生をメンバーにしたグループの研究がある。その結果では、指示・命令コミュニケーションばかり行った「専制的リーダー」（大学生）の下のメンバー（子供たち）は、指示・命令で動けばよい、言われたことだけやっていればよいといった「待ち」の姿勢になり、自発性ややる気を失わせる結果になったという。また、自分の意見を押さえ付けられ、言えない不満がたまり、それが「おまえ、何ぐずぐずやっているんだ」といった仲間への攻撃的な言動に現れ、グループの和も乱れたともいう。

　また、フレンチとレイブン（French, J. R. & Raven, b., 1959）の、人が人に影響を与える力の源についての研究では、次の6つを挙げている。

【強制性】受け手を脅したり、暴力を使うといった「罰」を背景にした力
【報酬性】受け手にとって利益になるような金品や名誉などの「賞」（報酬）を背景にした力
【正当性】受け手が認めざるを得ない警察官、車掌、ガードマンの指示などの社会的な正当性を背景にした力
【専門性】受け手がもっていない専門的知識や技能を背景にした力
【情報性】受け手がもっていない人事情報や業界情報を背景にした力
【準拠性】受け手が尊敬し、自分もそうなりたいと思うような人間性を背景にした力

　ただし、これらの源は受け手がそれを認めるかどうかで決まるので、いくら送り手が「正当性」を主張しても、受け手が認めなければ指示・命令は実行されないことになる（齊藤勇他、1994）。また実際の場面では、

これらのうちの1つだけが働いているわけではなく、複合的に影響力をもつことになる。

　指示・命令コミュニケーションを行うときは、これらの研究成果をわきまえた上ですることが大事になる。

（2）説得のコミュニケーション

　送り手が自分の要求や期待を成就するコミュニケーションの2番目は「説得」である。その定義は、「言語的手段を使用して納得させながら他者の態度や行動を特定の方向へ変化させることを意図した行為」ということになる（深田、2009）。つまり、送り手の発した要求や期待を、受け手が「知」の領域でその内容を正確に理解し、「情」の領域で好意的・肯定的に「なるほど、そうだね」と評価（納得）し、「意」の領域で「やってみよう」と思い、実際に送り手の要求や期待通りに行動する、というプロセスのことである。したがって、納得し、やろうと思っても、実際行動に現れなければ説得したことにはならない（なお、上記の定義で「態度」という言葉が出てきたが、これは第3章１（2）で述べたように「あいつは態度がデカイ」というような外面的な行動のことではない。むしろ心の内面で「正確に理解し、いい悪いを評価し、やろうと思う」ことである。心理学では、この「態度」と「行動」は分けて考える）。

　以下、この「説得」の成功を左右する条件を、『インターパーソナル・コミュニケーション』（深田、2009）を参考に、やはりコミュニケーションのプロセスに沿って考えてみよう。

①「送り手」の条件

　これには、前項の「『送り手』が『受け手』に及ぼす影響力」でみた6つの「影響力の源」が関係する。つまり送り手が受け手を「説得」しようとするとき、どの源を使おうとしているか。ここでは、この6つをケルマン（Kelman, H. C., 1961）の態度変容理論を参考に、さらに

次の3つにまとめて考えることにする。

1）統制性

　これは6つの源のうちの「強制性」「報酬性」に基づいて、賞や罰を使って受け手をコントロールしようとする態度であり言動である。そのメカニズムやコミュニケーションのポイントは、前述した指示・命令コミュニケーションと重なるが、受け手側の条件からみると、送り手から何らかの報酬や褒美や承認を得たい、あるいは逆に罰を避けたい、拒否や無視されたくないと思っている場合には有効な条件である。また、この統制性による「説得」の効果は、損得勘定の条件付きなので、うわべだけの一時的なものになりやすい。つまり受け手の本質的な考え方や信念などの態度が変わるわけではない。もっとも初めのうちは渋々やっているが、そのうちに、次第に面白くなって打ち込んでしまうことはあるが。

　例を挙げると、以下のとおりである。

　「今期の目標が達成されないと、昇給は難しくなるぞ。だからもっと頑張れ」（罰的）

　「達成できれば、昇給は間違いないから頑張れ」（賞的）

　「この成績じゃ、志望校はムリだぞ」

　「自分の部屋の片付けをしたら、ゲームソフト買ってやるぞ」

　「そんなこと言うなら、もうつきあわないから」

2）信憑性

　これは6つの源のうちの「正当性」「専門性」「情報性」に基づいて、受け手に信頼性や公正性を感じさせることによって影響を及ぼす態度であり言動である。受け手側が、送り手の考えを受け入れることで自分の成長や価値が高まると思えるときに有効な条件である。したがって、受け手の本質的な考え方や信念などの態度が変わる可能性が大きいので、説得内容も持続する場合が多く、3つのうちでは最も効果が

ある条件とされる。

　例えば、以下のような言い方である。

「これは、私の調査したこのデータに基づいて言っているので大丈夫。安心してやってくれ」

「この方法は、私が○○大学の先生たちと 10 年にわたって実践し改良してきたものなので、ぜひ採用してもらいたい」

「３軒の店で実際に見て調べたら、このブランドのものが一番性能がいいようだ。これにしないか」

３）魅力性

　これは６つの源のうちの「準拠性」に基づいて、送り手の人間的な誠実さや包容力、安定感などに受け手が引き付けられ、好感や安心感などをもつような態度であり言動である。受け手側が、送り手の考えだけでなく人間的なあり方を学びたい、あるいは良い関係を続けたいと思えるときに有効な条件となる。ただし、必ずしも受け手の本質的な考え方や、信念などの態度が変わるとは限らない。

　受け手にとって送り手の人間的魅力が続いて感じられているうちは説得内容も持続するが、魅力が薄れると消える可能性がある。また、この「魅力性」は人間性の問題なので、３つの条件のうち、送り手が体現するのは最も難しい。たとえ誠実さや包容力、安定感などに欠ける人がいたとしても、それらを一朝一夕に身に付けるのは至難の技だろう。もっとも人間的魅力は、万人共通なものが存在するわけではなく、「蓼食う虫も好き好き」で、それを感じる人によって異なるのが現実である。

　例を挙げると、以下のような言い方である。

「私も経験があるから、君が難色を示すのはわかる気がする。だから無理強いはできないし、最終的には君が決めればいい。そのための援助は可能な限りするし、その結果については私が責任を取る」

「あなたが何で不満に思うのかよくわかった。私も気持ちをわかってもらえなくて悔しい。でもどうしたら2人にとってベストなのか考えてみないか?」

　以上の「統制性」「信憑性」「魅力性」の3つは、実際の説得場面では、もちろん単独ではなく重複して使われたり、「これがだめならこっちで」というように、とっかえひっかえ使われたりする。そして忘れてならないのは、これらは最終的には受け手がそれを認め、受け入れるか否かに掛かっている。いくら送り手が意識的に使っても、空回りになる危険性が大きい。したがって、説得を成功させたいなら、相手と状況を見定めてどの条件を、あるいは条件の組み合わせを使うかを考えなければならない。

> ●最近、あなたが人を説得しようとしたときを思い出し、そのとき「統制性」「信憑性」「魅力性」のどれに基づいて行ったか、そしてそれは効果があったかを書き出してみましょう。

②「メッセージ」の条件
　次は、説得の際の「メッセージ」の構成と表現の仕方の違いによる効果をみてみよう。

1)一側面的呈示か両側面的呈示か
　これは送り手の要求や期待の内容について、賛成の方向のみの理由、根拠や資料でメッセージを構成するか(一側面的呈示)、反対方向の理由なども並べて構成するか(両側面的呈示)である。

　一側面的呈示は、一方的に押し付ける印象や送り手の利益だけを考えている印象が強くなり、受け手に警戒心を生じさせる。両側面的呈示は、送り手の主張は弱まるが、受け手には選択の公正さや自由さが感じられる。また、両側面的呈示が必要かつ有効なのは、受け手がもともとその事柄に反対か関心がないとき、あるいは論理的な考え方をしたり、その事柄についての知識があるとき、受け手の周りに反対する人がいそうなときなどである。例えば、次のような言い方がある。

　「このことは、このデータによると近い将来必ず必要になるので、ぜひやってもらいたい。もちろん異なるデータもあるが、それは○○が前提であるし、やらなかった場合のリスクを考えると勧められない」

２）要求は明示か非明示か

　これは送り手の要求や期待の内容について、「何をどうしてほしい」とはっきり言う（要求明示）か、状況や必要性のみを言い、「何をどうすればいいか」は送り手の判断に委ねる（要求非明示）かである。

　要求明示は、やはり一方的に押し付ける印象や送り手の利益だけを考えている印象が強くなり、受け手に警戒心を生じさせる。要求非明示は、送り手の主張がはっきりわからず、自信のなさや試される感じがある反面、受け手には選択の公正さや自由さが感じられる。

　したがって要求明示は、受け手がもともとその事柄に反対か、関心がないとき、その事柄が複雑でわかりにくいときに有効とされる。反対に要求非明示は、受け手がもともとその事柄に興味をもっているとき、その事柄が単純でわかりやすいとき、その事項に対して知識をもっているときに有効とされる。例えば、次のような言い方である。

「この件は、過去に○○な経緯があり、現在、△△が大きな課題になっている。来年のことを考えると、手をこまねいているわけにはいかないんだが、君はどう思う？」

3）力点の位置は前段か後段か

　これは送り手の要求や期待内容の力点を、メッセージの最初に言う（前段）か、最後に言う（後段）かである。

　これも受け手の状況によって、その効果は違ってくる。前段のほうが有効なのは、受け手がもともとその事柄に関心が薄く、注意を引き付ける必要がある場合だが、ある程度関心をもっている場合は後段の

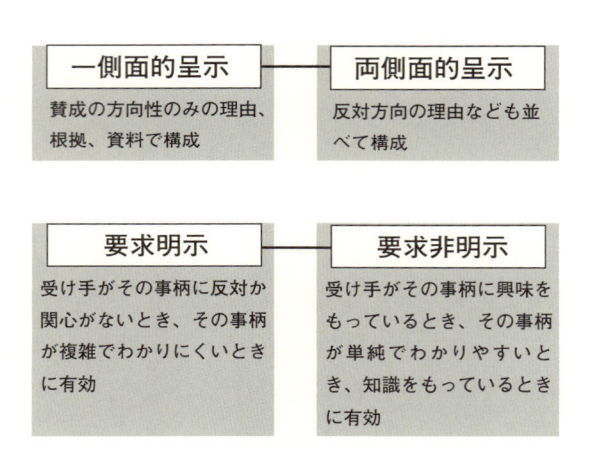

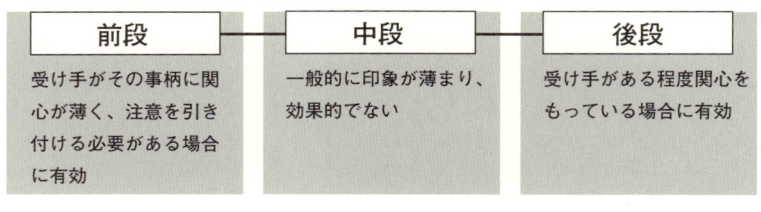

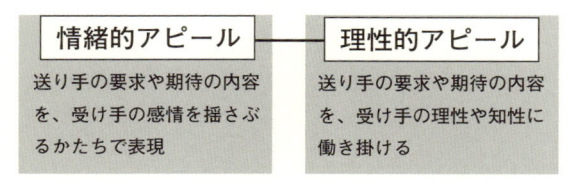

図 5-2　メッセージの表現と構成の仕方

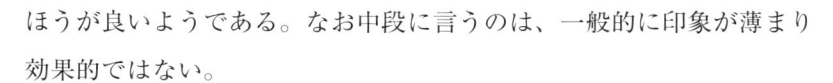

ほうが良いようである。なお中段に言うのは、一般的に印象が薄まり効果的ではない。

４）情緒的アピールか理性的アピールか

　これは送り手の要求や期待の内容を、受け手の感情（例えば恐怖、不安、同情、安心など）を揺さぶる形で表現する（情緒的アピール）か、理性や知性に働き掛ける（理性的アピール）かである。

　情緒的アピールは、例えば受け手の喫煙、飲酒、薬物、無謀運転など身体的に危険な行為を止めさせたいときや、危険な場所からの避難の勧告をする、どう考えても無理な進学、転職などをあきらめさせる、送り手の側の苦境を助けてもらいたい場合などに使われることが多い。

　感情に訴えるのは、人の心の動きの要素の１つに「情」があり、それが動くことによって「知」（考え方、信念）や「意」（意志）の要素を一時的に抑える場合があるからである。したがって、情緒的アピールだけでは、考え方、信念まで根本的に変わるわけではないので、長続きはしない。

　説得の効果を長続きさせるには、単に脅したりすかしたりするメッセージだけでなく、なぜそうする必要があるのか、その危険から脱する（避ける）ためにはどんな現実的な方法があるのか、脱したらどんな良い状態になれるのかなどの理性的アピールを一緒に呈示しなければならない。

　この条件の場合も、受け手の置かれている状況やパーソナリティなどの特性によって、その受け方や効果は違ってくる。情緒的に動かされやすい人とそうでない人、情緒的に言われると反発を感じる人とそうでない人などをよく見極めないと、説得はうまくいかない。

　例えば、次のような言い方である。

　「いつまでそんなことやってるの。いい加減にしないと自分の身体を壊すし、親御さんが泣くことになるぞ。自分でもいいとは思ってな

いんだろ。ちゃんとしようよ」

③「受け手」の条件

　効果的な説得は、送り手の条件、メッセージの条件に加えて受け手の条件の組み合わせで成り立つ。では、受け手の条件とは何が挙げられるだろう。

1）属性

　まずは受け手の属性である。これは、性別、年齢、家族構成、生育歴、教育歴（知的水準）、職業・職位、経済状態など、その人の考え方、信念や価値観に影響する要因のことである。ある1人の送り手の同じ説得内容（メッセージ）であっても、受け手のこれらの要因によって、感情、理解、興味・関心、利害得失などの受け止め方が異なってくる。

2）パーソナリティ

　パーソナリティは、便宜的に3つの要素に分けて考えることが多いが、脳科学的には、これらの間に明確な境界線があるわけではない。気が小さいとか、せっかちといった生得的で変わりにくい情動反応の傾向である気質的要素、まじめさや協調性といった後天的な情意反応の傾向である性格的要素、さらに後天的な信念や価値観などの認知的要素が交じり合い、影響しあっている。受け手のパーソナリティのどの要素がどのように説得に影響するかは、極めて複雑なのである。

　ただ、これまでの「説得されやすいパーソナリティ」の研究では、性格的要素に属する「自尊感情」の強さの程度が最も影響力が強いという。この自尊感情というのは、自分の能力や性格的要素、信念などについての自己評価が肯定的であること、言い換えれば「自分に自信がある」傾向のことである。受け手の自尊感情が強いと、説得内容のメッセージは理解するが、それを受け入れる程度は低くなる。逆に自尊感情が弱いと、理解は低いにもかかわらず、受け入れる程度は高くなるという。

3）経験

　受け手の経験には2つの次元がある。1つは、送り手の要求や期待の内容について、それ以前に受け手自身がやったことがあるか否かである。やったことがある場合は、状況や条件は異なるかもしれないが、その結果（うまくいったにしろ、いかなかったにしろ）を体験しているわけで、それが説得を受け入れるかどうかに影響することは容易に想像できよう。

　もう1つは、これまでに「説得される」場をどれだけ体験しているかである。セールスマンからの売り込みも含めて何度も経験していれば、何となく送り手のやり方、手練手管が読めてくる。そういう受け手を説得するには、さらに工夫が必要になろう。

④「互いの関係と状況」の条件

　これは、送り手と受け手の関係の条件である。基本的には、互いがどの程度の知り合いか、役割関係、それに伴う力関係がある。

　知り合いの程度では、互いに初対面、片方は相手を知っている、互いにある程度知っている、互いに何年ものつきあいなので気心も知れている、などが考えられる。役割関係では、職場のタテヨコの関係、営業販売担当と顧客の関係、教師と生徒・学生、保護者の関係、親子、夫婦関係、友人・恋人関係、地域住人の関係などのほか、行きずりの関係もある。力関係では、公権力や権限関係、先輩・後輩のように経験の大小の関係、経済力の大小関係、恩や義理の有無の関係、もちろん対等な関係もある。しかも、実際はこれらが重複して複雑に絡み合っている。

　また、そのときの状況も関わってくる。2人だけか複数の人がいるのか、室内か野外か、周りは静かかうるさいか、昼間か夜間かなども、送り手が説得しようとするときに配慮しなければならない条件といえる。

（3）協議・交渉のコミュニケーション

　送り手が自分の要求や期待を成就するコミュニケーションの３番目は「協議・交渉」である。これは送り手の要求・期待の内容が、受け手にとっても関心のあることだが、条件的に受け容れられない場合に、お互いが譲り合い（妥協し）、あるいは駆け引きをし、双方が満足できる合意点に達するために行われるコミュニケーションである。前項の「説得」は、基本的に送り手の要求をそのまま実現することが目的であり、送り手がその要求を低めて妥協することはしないのが原則である。説得できなければ、あきらめて受け手から離れるのだが、その後思い直して「協議・交渉」に移ることはあり得る。

　ただ、この「協議・交渉」の成功を左右するコミュニケーションのプロセスは、「説得」の場合と基本的な違いはない。やはり、「送り手」「メッセージ」「受け手」「関係と状況」の各条件に配慮することが重要である。それに加えて、互いに一定の不利益を甘受しつつ利益も確保する「妥協」に至る方策を工夫する必要がある。その１つは日常的に行われているギブアンドテイクであり、もう１つは「対立」の解消に関する心理学的な研究の成果に基づく方法である。

①ギブアンドテイク

　まずは、送り手の要求事項に、受け手にとってプラスアルファのメリット（送り手にとってはデメリット）になる「もの」や「こと」を呈示して、受け入れさせるやり方である。

　例えば仕事の場面で「御社がこの点を譲ってくださるのであれば、当社は、これを取り下げましょう」、「お客様にこのお値段でお買い上げいただければ、このプリンターをお付けします」、「この資料づくりを手伝ってくれないか、後で晩飯おごるから」などというのである。

　日常生活でも「今学期の成績が上がったら、おじいちゃんがゲームソフト買ってやるって言ってたよ」、「お宅の柿の木の落ち葉が、ウチ

の庭に積もって掃除が大変なんです。本音を言えば切り倒してほしいところですが、百歩譲って、せめてこちら側の枝を切ってもらえませんか」などとよく使う。

　先に受け手にメリットを与えてしまうやり方もある。「いやーこの前の君の企画書、社長が『これはいい』って感心していたよ。さすがだね。ところで今度の企画書も君に頼めると助かるんだが」、「君の好きなスイーツを買ってきたぞ。（しばらく後で）すまん。今度の日曜、接待ゴルフで買い物に付き合えなくなったんだ」、「先月、シフト代わってやったよな。今度の土曜日代わってくれないか」など、様々なパターンがある。

②対立とその解消法

　「協議・交渉」のコミュニケーションをする背景には、多かれ少なかれ送り手と受け手の間に何らかの「対立」が存在する。この「対立」とその解消法について、ボルトン（Bolton, R., 2010）の考え方を参考に考えてみよう。

１）対立は避けるべきことか

　人間は、十人十色、パーソナリティ、価値観や信念、社会的立場など全てが異なる存在なので、対立は不可避の現象である。そしてその結果は多くの場合、人間関係をギクシャクさせ、事柄の成就を難しくするというデメリットに結び付く。しかしとらえ方によっては、停滞（マンネリ）を防ぎ、関心を刺激し、そこから創造性や意欲を促進させることによって、より良い事態やものの開発が可能になる。また、人間関係において、互いによりホンネの理解が進み、信頼感を強めることができる。さらには、そのプロセスを通じて自己成長の次元で、客観的に自分のあり方を理解し、アイデンティティを確かめるなどのメリットを引き出すこともできる。したがって、対立は避けるべきことではなく、むしろ直面し、そこから何を得るかを考える姿勢が大事に

なるという。

このことは、特に協議・交渉の場面で生じる対立にも当てはまる。

2）対立の種類

人と人が対立する内容には、「現実的」と「非現実的」があるとされている。現実的対立とは、要求事項の内容、その目的（意図）や手段、背景にある価値観の対立、そして実際の利害対立など、現実的事柄の次元での対立で、主に「協議・交渉」事態における理性的なコミュニケーションによる解決法が工夫されている。

他方、非現実的対立とは、知らなかったことや思い（記憶）違いによる対立、宗教、人種、食文化（例えば捕鯨問題）など歴史的文化的な偏見による対立、不透明な人事考課や社内派閥などの組織システムの欠陥による対立など、心理的な次元における対立である。偏った競争、敵意やうっぷん、不満や恐怖などから生じる闘争、分裂などのデメリットが生じるのは、ほとんどがこの非現実的対立の次元のものである。しかもその予測が難しいし、修復はかなりのエネルギーを必要とする。

3）対立の解消法

ボルトンは、対立の防止や解消にはまず、互いの感情に焦点を当てることが重要だとしている。これは、第2章の①でみたように「情」は心のマグマであり、これが煮えたぎったり、揺れ動いていれば「知」や「意」は正常に機能しない。その方法は、次の3つのステップからなる。

【第1ステップ】──「敬意をもって相手に接する」ことだという。

ここでいう「敬意」とは、相手（受け手）も自分（送り手）と同様に「知」「情」「意」の心の世界をもち、その集合的現れ方でもあるパーソナリティをもつ独自の存在であり、同様に自分自身の思いを主張する権利をもっていることを忘れない態度のことである。

とかく私たちは、「協議・交渉」などで対立的な場面になると、送

り手の立場から何とか受け手に譲歩させよう、場合によっては屈服させようとして、心の中で「こいつ、どうしようもない頑固なやつだ」、「こんなこともわからないなんてアホじゃないの」とさげすんだり、「あんたの言うことが正しければ、ノーベル賞ものの大学教授になれるわ」と皮肉ったり、「情」がムラムラし始める。

　それらは、言語的表現よりも表情や姿勢、声の調子などの非言語的表現に現れやすく、相手も同様に敏感に反応する。そうなると冷静に、互いの意図や背景にある価値観、方法、利害得失を理解し合い、それを元に調整するという気持ちがなくなってしまう。

【第2ステップ】──「敬意」を表すことにもなるが、「相手の立場を正確に理解するまで話を傾聴する」ことだという。

　ここでいう「傾聴」については、第4章②で既に詳しく述べた。要は受け手は自分の考えや感情、意志を一旦棚上げにしておいて、送り手の考えや感情、意志などに耳を傾け、自分（受け手）が正確に理解したかどうかを送り手に確認することである。それによってコミュニケーションの定義にあったように、共通理解したことをベースに調整、妥協を図る。

【第3ステップ】──「傾聴」したことをベースに「自分の意見、要望、感情などを述べる」ことだという。

　この、自分を相手にわかるように主張するやり方も第4章①で詳しく述べた。要は送り手が自分の考えや感情、意志を受け手が正確に理解できるように冷静に述べることである。まず送り手の主張の問題と思う点を客観的に述べ、それが送り手にどのような影響を及ぼすかを具体的に述べ、その場合の送り手の感情（困惑、心配、疑問、辛さ、怒りなど）をはっきり言葉で表現するのである。

4）協調型の問題解決法

　ボルトンは、対立解消法をベースに「協調型問題解決法」を行うこ

とを提唱している。それは次の6つのステップからなる。

【第1ステップ】——対立するそもそもの問題をはっきりさせることである。

　ここでいう「問題」とは、「なぜそのことが自分にとって必要なのか」という根本的な理由、あるいは目的のことで、それを、お互いに冷静に述べ合う。

　例えば、オフィスでエアコンに近い席の新人H子さんが、隣の席の先輩I男さんに「寒いんで、冷房切っていいですか？」と言ったとする。暑がりのI男さんは、少しムッとして「オレは暑くて、これでも我慢しているんだ。寒いなら上着でも着ればいいじゃないか」と言ったとする。少々気の強いH子さんは「だいたい、このエコ時代に設定温度が低すぎるんですよ。I男先輩も少しは節電を考えたらどうですか」と返す。このように一旦「売り言葉に買い言葉」状態になると、お互いに引くに引けなくなり、感情の波が立ち、ぶつかり合うことになるか、どちらか力の弱いほうが不満をいっぱい抱えて引き下がることになる。

　とかく私たちは大もとにある必要性を飛ばして、表面的な理由（寒いVS暑い）とその解決策（クーラーを切るVS上着を着る）を主張し合うことが多い。そこで「なぜそのことが自分にとって必要なのか」という根本的な理由を冷静にきちんと言えば、双方にとって、そこそこ我慢できる解決策を考える余裕が生まれる。

H子「先輩。冷房、切っていいですか。私、実は子供のころから冷え性で体温が低いのもあって、このごろ肩が凝って夜寝られないんです」

I男「あぁそうだったんだ。そりゃ辛いね。逆にオレは暑がりで、ご覧の通りこの温度でも汗が出るんだ。切られるとこっちも仕事

に集中できないし、お互いに辛いなぁ」

つまり、この場合の対立の根本的な理由は、体感温度には個人差があり、それによって仕事や心身に不具合が生じていることである。そのことを双方が理解することが第一歩というわけである。

【第2ステップ】──この根本的な理由から生じる問題の解決策をブレインストーミング*で出し合うことである。

Ｈ子「じゃあ、何かいい方法考えませんか？」

Ｉ男「そうだな、どうせなら Ｊ課長と他の課員にも入ってもらってアイデア募集してみるか」

Ｈ子「いいですね、面白そう」

その結果、

「冷風の吹き出し口にダンボールで方向変更板を付けては？」

「暑がり屋は裸になるわけにはいかないから、設定温度は上げられないな」

「でも温度センサーを敏感なものに替えられないか」

「エアコンを移動できないか？」

「エアコン動かすのはお金が掛かるから、いっそのことデスクを動かして席替えするか？」

など、諸説出るであろう。

【第3ステップ】──ブレインストーミングで出されたアイデアの中から、まず受け手に最善と思うものを３つぐらい選んでもらい、次に送り手が最善と思うものを３つ選び、一致するアイデアを見付ける。

---

*ブレインストーミング(brain storming)とは、もとは広告業界で始まったが、現在はあらゆる業界で行われているグループで多様なアイデアを出し合う方法のこと。その原則は、アイデアの質よりも量を多く出すこと、出されたアイデアを批判しないこと、奇抜なアイデアを歓迎すること、出されたアイデアから刺激を受けて発展させることなどである。

一致しなければ、お互いに次善のものを探すか、譲れそうなものを話し合い、1つに絞り込む。その際、不満足な部分もきちんと確認しておくと良い。

　H子さんの課では、「エアコンを動かすのはお金が掛かるから、いっそのことデスクを動かして寒がり屋と暑がり屋、中間派に分けて席替えする」ことになった。

【第4ステップ】──絞り込んだ解決策について、誰が、何を、いつまでに行うかを決める。この段階で「総論賛成、各論反対」が出やすいが、大もとの問題を思い出して納得させることが重要である。

　この課の場合、デスクの配置と誰がどこに座るかでもめる可能性がある。今まで上席とされていた位置にH子さんが座ることになるかもしれないし、もう1人の隠れ冷え性のK美さんと調整が必要になるかもしれない。

【第5ステップ】──いよいよ決めた計画通りの日時に、それぞれの役割を果たし、解決策を実行する。

【第6ステップ】──解決策実施後の然るべきときに、これまでのステップと、実施した解決策の評価を行う。その際のチェックポイントは、プロセス全体の総合的な感想、一番良かったこと、一番良くなかったこと、結果的に困っていること、それをどう改善するかである。

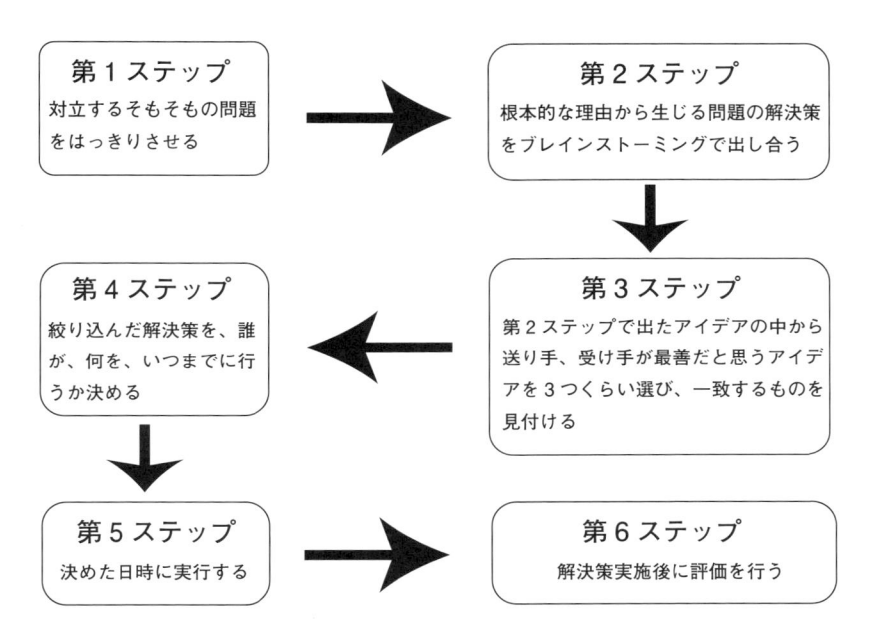

図5-3　協調型の問題解決法（6ステップ）

（4）相談のコミュニケーション

　この「相談」を定義するとすれば、「送り手（相談者）が何らかの問題を抱えていて、その解決を援助してくれそうな受け手（被相談者）に言語的に投げ掛け、その反応（アドバイスやヒントなどのフィードバック）から自分なりの解決法を得たり、気持ちを整理するためのコミュニケーション」のことである。

　ここでいう相談の第一義的な目的は、もちろん送り手（相談者）が困っている問題について、解決のための考え方や方法を得ることだが、大事なのはそのときの両者の心構え、あるいは心積もりである。

　ワラをもつかむ思いの相談者（送り手）にとっては、被相談者（受け手）の「こうしたらいい」「こうすべきだ」というアイデアを鵜呑みにしたくなる。しかし、被相談者は相談者とは別人格なので、完全に相談

者の心境や立場に立てるわけがない。いかに被相談者が確信に満ちた言い方をしようが、そのアイデアはあくまで「仮説」といえる。

したがって相談者は、被相談者とやり取りしつつ、そのアイデアや事態の見方を参考にしながら、自分なりに事態や条件を整理し、可能な解決策を練り、最後は自分で「納得」して決定するという自助努力が原則である。この場合の「納得」の程度は、方法について「これなら解決できそうだ」という確信をもち、「自分が主人公として対処しなければならない」と覚悟ができた状態が最も望ましい。

そうでないと、たとえ問題が解決されても自分がやったという達成感や成長感がないし、解決できなかったときは、被相談者のせいにして恨んだりすることになる。つまり相談の第二義的目的、効用は、その問題解決を通じて相談者が自分に自信をもち、それ以前のあり方、生き方を少し変えることができることにある。この点は、「指示・命令」「説得」「協議・交渉」のコミュニケーション状況よりウエイトが大きくなる。

以下、この相談の成功を左右する条件を、やはりコミュニケーションのプロセスに沿って考えてみたい。

① 「送り手（相談者）」の条件

相談者（送り手）の心には、まず「知」の事柄において困っていることやわからないことが思い浮かぶ。これは仕事、学業、進路、就職、金銭、法律、行政、医療、福祉、心理、家事、美容など多岐にわたる。そして、それらに絡んで上司・同僚・部下、親子・夫婦・家族、結婚・離婚などの人間関係的次元の内容もあり、多様で複雑である。

次に、その内容によって誰かの援助を得たほうが良いかどうかを考え、援助を得ることにしたならば、その相手（受け手）には誰が良いかを探し、その人と会うことにする。

それらの心の動きや行動をしながら、あるいは実際に相手に会った

ときに、「意」の意図や期待の次元で、「解決策が、皆目わからないので教えてほしい」、「いくつか解決策は考えているけど、どれが適切か知りたい」、「第三者からみたら、自分の考え（行動）はいいのか悪いのか確かめたい」、「答えがほしいというよりは、とにかく話を聞いてもらいたい」、「こんなボロボロ状態の自分をわかってもらいたい」、「自分の相談内容に、相手（受け手）はどう答えるのか試してみたい」などの思いが浮かぶ。これらは、単独ではなく複合していることも多く、意識化できていないこともあるので、やっかいである。

　もちろん、相談内容に関する不安、心配、苦しさ、もやもや、焦りなどのほか、被相談者（受け手）に対する安心、心配など、「情」の動きも付随して生じる。これも複合的であり、意識化できていないこともある。

　相談者が、心の中の「知」「意」「情」の領域で何が起きているかを整理し、意識化できていれば、メッセージもわかりやすくなり、被相談者も応答がしやすい。しかし、それができる人は、そもそも他者に相談などせずに、自分で試行錯誤しながら答えを見付けるだろう。整理ができないから他者の援助を求めるとも言える。

●最近、あなたが誰かに相談をしたときを思い出し、そのときの内容を「知」（事柄）、「意」（意図）、「情」（感情）に分けて書き出してみましょう。

②「メッセージ（相談内容）」の条件

1）メッセージの構成は非論理的が普通

　相談者が相談したい内容は、「知」「意」「情」の全てが複雑に絡んでおり、しかも、本人は緊張し、混乱し、焦っていることが多いため、表現されたメッセージも理路整然としていることは稀だろう。誰が、いつ、どこで、何を、なぜ、どうしたという、いわゆる５Ｗ１Ｈもそろっているとは限らない。時間軸も空間軸も、事実も意見も、タテマエもホンネも入り乱れている。

　効果的な相談コミュニケーションを行うには、メッセージは相談者が整理して論理的に表現することに越したことはないが、思い悩み、空回りし、意気消沈している相談者が、独力でそうすることはほとんど不可能である。それを助けるのは被相談者（受け手）の重要な役割になる。

2）メッセージは氷山の一角

　言葉や表情などの記号によって構成されたメッセージは、必ずしも心の中の働きの「知」「意」「情」の全てではない。特に「意」と「情」は、相手との関係で「当然わかっているだろう」と思ったり、恥ずかしかったり、照れくさかったりして、メッセージ化されないことも多い。

　例えば「（同じ部署の先輩に）この企画書でお客さまはＯＫくれますかね。どこか抜けはないでしょうか」という言語メッセージの背後には、（初めて本格的な企画書をつくったので、上司にどう言われるか心配だ。不適切なところをわかりやすく教えてほしいけど……）という「意」「情」の内心の声、いわゆるホンネがあるかもしれない。同様に「（担任の先生に）こんな成績ではＬ大学は難しいでしょうか」（少しは自信があるので、ダメ出しじゃなく元気づけてくれないかな……）、「（大学時代の親友に）同僚のＭさんとは、どうしても考え方が合わないんだ。このままだといつかキレそうなんだ」（Ｍさんはジコチューだし、上司の課長は何もして

くれないし、そんな苦労している自分に、親友なら同情してほしい……)、「(心理カウンセラーに) 夫は、仕事仕事で家庭のことには全く無関心なんです。全てが私の責任にされて、夫婦って何なんですか」(このカウンセラーの先生、男だからこの気持ちわからないだろうな、でも今はとにかくじっと聴いてほしい……) など、言語メッセージには心の中の思いのほんの一部しか表されていないことがほとんどの場面で起こることだろう。

　効果的な相談コミュニケーションを行うには、相談者が可能な限り自分の「意」と「情」、「ホンネ」をメッセージに表現できればよいのだが、それはあまり期待できないだろう。やはり被相談者の助けが必要になる。

③「受け手（被相談者）」の条件

１）受け手（被相談者）に選ばれる条件

　受け手（被相談者）になり得る人は、国（行政府）や公益法人が定めた医師や弁護士、カウンセラーやコンサルタントといった専門資格をもった人から、職場の上司・同僚、教師、親、親戚、先輩、友人、宗教者、近所のおじさん、電話相談、インターネット上の相談サイト、人によっては飼っているペットまで、様々である。相談者が誰を選ぶ

のか、その条件を考えてみよう。

　相談者は、まずは①でみた相談の事柄的な内容によって選ぶ面がある。仕事のやり方、進路、金銭など事柄的な問題、上司・部下、親子・夫婦などの人間関係の問題、やる気が出ない、自分自身の生き方などの心理的な問題などは、それらについて的確に、ある意味で「専門的な答え」（ヒントやアドバイス、アイデア）をしてくれそうな人を選ぶだろう。したがって、被相談者に選ばれたら、概略を聴いた後で、自分にそのような「答え」ができそうか否かを判断し、無理だと思えば率直に「その件は、申し訳ないが私では期待に沿うことができそうにない。Mさんなら大丈夫だと思うので、よければ紹介するよ」と言う必要がある。

　また、相談者は、事柄的内容に加えて被相談者の人柄によって選ぶ面もある。バカにしたり軽蔑したり、お説教したりせずに、人間として尊重してくれ、親身になってくれそうな人を選ぶ。この場合は、相談者は事柄的な内容への回答よりも、「わかってほしい」、「同調（同情）してほしい」、「慰めてほしい」などの心理的な支えを期待している。この場合は、無下に断わらずに「なるほど、それはひどい話だね。あなたが頭にくるのもわかる気がする」というように、「意」や「情」の気持ちをわかろうとする必要がある。

　実際には、相談者の中には、事柄的内容と人柄の両方の条件を混ぜて被相談者を選んでいる人もいるが、多少ウエイトの置き方が違うので、その見極めが重要になる。

2）受け手（被相談者）の役割（姿勢と技能）

　相談者から「あの〜ちょっといいですか？」、「すみません。相談があるんですが」などの声を掛けられたら、被相談者に選ばれたわけだから、まずは「話を聴く」姿勢が大事だろう。きちんと相談者のほうを向き、視線を合わせることから始め、「どうしたの？」、「何か困っ

たことでも？」と受け、相談者を「わかろうとする」姿勢を示すことである。特に初対面の場合は、互いの緊張や不安を和らげるために、簡単な自己紹介などをし合い、出身地などの共通点を探して話題にするとよい。

　次に、①②で述べたように、多くの相談者は、緊張、混乱、焦り、恥ずかしい、照れくさいなどの「情」に支配され、「知」（相談内容）や「意」（どうしたいか）が十分にメッセージ化されていないとすれば、被相談者は、相談者の「相談の真意」を正確に理解する努力をしなければならない。その努力は多くの場合、相談者自身が自分の真意を整理し、明確にすることにつながる。

　具体的には、相談者の言った大事そうな言葉を「ああ、課長がね……」、「ん～ん悔しかった……」と繰り返したり、相談者の言わんとすることを「それは、○○○ということかな？」と推測して返したり、「そうすると、課長から言われたことが、どうも納得がいかず、反論したかったができなかった。そのことがずーっと引っ掛かってその事案に正面から取り組めない、ということかな？」などと要約することである。相談者は、その応答が的を射ていれば「そうなんです」ともう一度自分の心の中の思いを確認できるし、ずれていれば「いや、そうではなく、私が言いたかったのは……」と修正したくなり、それによってやはり自分の思いを明確にできる。さらには、被相談者がよくわからなかったことを「それは、誰が言ったの？」とか、「それで相手はどうしたの？」などと問い掛けることも有用である。これらは、第4章の②で述べたことの応用である。

　そして、相談者の抱えている事柄的問題や意図が確認できたら、必要に応じて、被相談者の意見や解決の方向付け、アドバイスを表明する役割もあるだろう。ただし相談者は、ある特定の解決策を考えていて、それが適切かどうかを相談する場合、複数の解決策のうちのどれ

がいいかを相談する場合、又は考えてはいるが自信がなく表明していない場合、何も考えつかないで相談している場合など様々なので、その点を確認しておかないとピント外れな応答になってしまう。

いずれにせよ、問題解決をするのはあくまで相談者本人なので、それらはヒントに過ぎないことをわきまえた言い方をする必要がある。

「もし私が君のような立場になったらという前提で言うんだが、△△△するか、□□□すると思う。なぜかというと、相手のＮさんもその点で困っているんじゃないかと思うから。それについてはどう思う?」と、複数の解決行動を挙げ、そうする理由や根拠を付け加えること、そしてそれに対する相談者の意見を必ず問うことがポイントだろう。

そして忘れてならないのは、相談を受けたこと自体を第三者に口外しないということを、相談の初めか終わりに相談者にきちんと伝えることである（もちろん相談者本人の許可や依頼があった場合は別であるが）。

●最近、あなたが誰かに相談をしたときを思い出し、そのときの相手（被相談者）の応対で、問題解決の助けになった発言、そうでなかった発言を書き出してみましょう。

④「互いの関係と状況」の条件

これまでの「指示・命令」「説得」「協議・交渉」のコミュニケーションでは、どちらかというと送り手が優位、又は対等な関係だった。しかし相談の場合、相談者と被相談者の関係は、送り手（相談者）は問題を抱えているという意味で弱者的な立場にある。また、原則として

受け手（被相談者）は、相談内容の相手（当事者）ではない（当事者の場合は、「協議・交渉」に当たる）ので、意識の上では被相談者が微妙に優位な関係になりがちである。ただし、心理相談（カウンセリング）の場合は、被相談者（カウンセラー）は、心のメカニズムについての専門性をもちながらも、人間的には対等であることが、その効果を左右することになるとされている。

　また、「（2）説得のコミュニケーション」のところでも述べた、両者が相手を知っている程度によっても対応は異なる。互いに古いつきあいで気心が知れている関係の場合は、相談コミュニケーションに比較的スムーズに入れるが、互いに面識がある程度の関係、相談者は知っているが被相談者は知らない関係、又はその逆の関係、相互に知らない関係の場合は、まず緊張や不安を解消する必要があろう。

　さらに、「相談のコミュニケーション」では、相談者の相談内容は、ほとんどの場合、第三者には知られたくないものなので、他者に気遣いせずに話せる場所、時間を確保する必要がある。また、正面に対峙して座るのではなく、正面から少しずれて座るほうが相談者は圧迫感を感じないで済む。

② 相手との関係をつくり維持するため

　対人コミュニケーションのもう1つの目的は「相手との関係をつくったり維持したりするため」である。これは前節の「①自分の要求や期待を成就する」過程に付随する場合もあるが、単独に追求されることも多い。人間が他者と関係をもつ哲学的な意味については、次の③で詳しく述べる。ここでは、他者との関係をつくったり維持したりするための基本的なプロセスとメカニズムについて考えてみよう。

（1）人間が関係を必要としてきた経緯

　まずは、人類の誕生からコミュニケーションの発達と関係づくりの経緯をみてみよう。現代人の遠い祖先である「猿人」が現れたのは約500万年前だそうだが、この猿人がチンパンジーなどの類人猿と大きく違うのは、森林地帯から平原に出て直立二足歩行をし、そのおかげで空いた前足（手）で道具を使い、知恵を働かせ脳が大きくなったことだと言われている。氷河期の終わりごろの50万年前になると次の「原人」が現れ、環境適応の必要に迫られた。ますます頭（大脳）を使って火を使い、毛皮を着、簡単な小屋も作った。おそらくこの過程で、簡単な言葉によるコミュニケーションも始まったという。そして20万年前には現代人の直接の祖先である「現生人類」が登場する。

　数百万年という時間を掛けた脳、特に知的な機能を果たす大脳の発達には、道具づくりなどの生活上の知恵だけでなく、生きていく上で家族や隣人との協力関係が必要だったといわれている。家族の人数が増えれば、食料を確保したり、住まいを作ったりするときには他者の力を借りなければならず、それには自分と自分以外の他者とが良好な関係を保たなければならなくなる。他者は、いつも自分の思い通りに

動いてくれるわけではない。その過程では、自分と他者は違うということを認識することが必要になる（この認識は、現代人でも、成長の過程の3、4歳ごろに明確にできるようになるという）。

　その結果、他者との関係で自分を見つめざるを得なくなり、自分の存在意義がはっきりしないと生存の不安に結び付くようになったと考えられる。したがって、他者との間で好ましさ、親しさ、信頼（信用）などの感情をもてる「良好な関係」を求める傾向は、ほとんど本能的な欲求になった。この欲求を充たすための主要な手段が言語的、非言語的コミュニケーションだった。

（2）対人関係の基礎にある感情の構造

　他者との「良好な関係」をつくり、維持することに大きな影響を及ぼしているのが、自分も含めた「人」に対する感情、「対人感情」である（ここでいう「感情」とは、喜怒哀楽といった一時的瞬間的に生じる情動ではなく、比較的持続的な好き嫌い、尊敬などの気持ちである）。

　この対人感情にはどのようなものがあり、それに基づく欲求や行動はどうなっているのだろうか。齋藤（1990）は、図5－4のように、対人感情は、基本的に「好意」感情と「嫌悪」感情、「優越」感情と「劣等」感情の2つの直交する軸で構成されるとしている。さらに、その4つの感情の隣り同士の組み合わせによって、中間に4つの感情を配置した「対人感情の円環モデル」を提唱している。

　これによると、「優越」感情（優越感や誇り）と「好意」感情（好感や愛情）の間に「慈愛」感情（可愛さや憐れみ）が、「好意」感情と「劣等」感情（劣等感や恥ずかしさ）の間に「尊敬」感情（敬意やあこがれ）が、「劣等」感情と「嫌悪」感情（憎悪感や不快感）の間に「恐怖」感情（怖れや気味悪さ）が、「嫌悪」感情と「優越」感情の間に「軽蔑」感情（怒りや軽蔑）が生じ、この8つの感情が、人が人に対して抱く基本的な

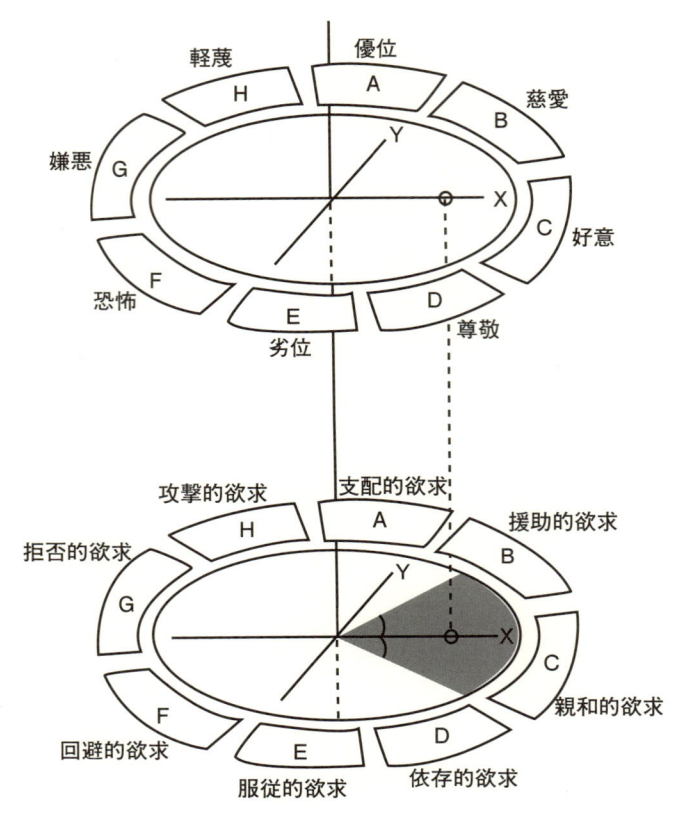

（出典）齋藤勇 『対人感情の心理学』 P.60

図 5-4　感情傾向と対人的欲求の関係
　　　（グレー部分は感情傾向に随伴する欲求の範囲）

感情ということになる。

　さらに、何らかのきっかけがあって相手に対してこれらの感情を抱くと、次のような欲求（期待）をもち、それが充たされるとさらにその感情は強まるという。「優越」感情からは「支配したい」欲求、「慈愛」感情からは「援助したい」欲求、「好意」感情からは「親しくなりたい」（親和）欲求、「尊敬」感情からは「依存したい」欲求、「劣

等」感情からは「服従したい」欲求、「恐怖」感情からは「回避したい」欲求、「嫌悪」感情からは「拒否したい」欲求、「軽蔑」感情からは「攻撃したい」欲求という具合である。

　しかもこれらの感情と欲求は、厳密に1対1の対応をしているわけではなく、例えば相手に「好意」感情をもっていると、「親しくなりたい」欲求を中心に、両隣りの「援助したい」や「依存したい」も生じるという。「親しくなりたい」欲求、つまり「相手をもっと知りたいし、自分についても知ってもらい、共有部分を増やしたい」、「一緒にいたい、一緒に何かをしたい」、「気を許して安心していたい」などのほかに、「援助したい」欲求の「困っていたら相談に乗ってあげたい」、「何か相手の役に立つことをしたい」など、「依存したい」欲求の「何かあったら助けてほしい」、「少し甘えさせてほしい」なども引き起こす。しかし、図の対極側の「嫌悪」感情からの「拒否したい」、「回避したい」、「攻撃したい」といった欲求は、まず生じないとされる。

（3）「好意」感情の発生条件

　ところで、他者との「良好な関係」をつくろうとしたり、維持しようとするときは、特に「好意」感情をもっていることが前提になる。では、この感情はどのような条件の下で生じるのだろうか。

　蘭千壽（1998）は「好意・恋愛・友情」の中で、その条件として、まず「空間的距離」の近さを挙げている。相手が近くにいればいるほど、お互いの間のコミュニケーションの機会が増え、個人的な情報も共有しやすく、気を許し親しくなる。例えば、入学したり入社したときなど、初対面同士の人の間では、まずは席が近い者同士が話をし始め、昼食を一緒に食べにいったりすることを通じて仲良くなっていく。

　次には、「接触の頻度」が挙げられている。何度も会っていると、

相手に対して親近感が増す。ビジネスの場面でも、何かを説得しよう
としたり、交渉をしようとする場合、同じ2時間を掛けるなら、1回
2時間よりは4回で2時間、つまり30分ずつに分けて2時間のほう
が、相手は気を許して受け入れてくれる可能性が高まるという。

　さらには、お互いに「類似性」が高いと認識すると、親近感が増す
ことがあるという。「類は友を呼ぶ」である。この類似性は外見では
なく、個人的「属性」や「特性」についてである。属性というのは、
その人自身や家族の履歴や社会的環境で、年齢（誕生日）、出身地（学校）、
共通の知人、職業、職位、家族構成などのことである。特性とは、趣
味嗜好、パーソナリティ、考え方、ちょっとした癖、そのときどきの
心情などのことである。この類似性の効果は、コミュニケーションを
通じて相手が同じような属性や特性の人だとわかると、「自分だけで
はない。仲間がいる」という社会的存在の正当性を確認できるからで
ある。また相手の行動も予測しやすく思えるので、心理的な安心を感
じることができるからだという。

　そして、「相応性」という条件も挙げられている。これは、こち
らが相手に親しみ（好感情）をもち、それを態度や言葉で匂わせたり、
表明すると、相手もそれに応じてこちらに好感情をもつようになるこ
とが多い。また、逆に相手から親しみ（好感情）を示されれば、「えっ」
と驚くこともあるが、基本的には悪い（嫌な）気はしないという関係
である。この相応性が進み、自分の欲求や期待に相手が応じてくれる
と、さらに親密度が高まる。こちらも相手を思いやり、その期待に応
じようとする「相補性」、つまりお互いに補い合い、依存する関係に
発展するという。

　これらの条件のほとんどを、読者は経験しているだろうが、あらた
めてこのように整理されてみると、「良好な関係」をつくったり、維
持するのに逆に応用できることがわかる。

●あなたが最近親しくなった人を思い出し、その人と親しくなった条件は、「空間的距離」「接触頻度」「類似性」「相応性」「相補性」のそれぞれが、どのように効いていたか、該当するものの状況を書き出してみましょう。

（4）対人関係の発展段階

　では、「好意」感情をベースにした「良好な関係」はどのような段階を経て展開していくのだろうか。それは、宮原哲（1992）によると、おおむね次の4段階になると思われる。

①出会いの段階

　まずは、人と人が出会うきっかけは様々である。入学して同じクラスになった、入社や配置転換で同じ課に配属になった、同じマンションに入居した、電車やレストラン、コンサートなどでたまたま隣り合わせて、落としたものを拾ってもらったなどの何らかの共通体験をした、職場の上司・同僚、共通の友人などに紹介された……枚挙にいとまがない。

　相手をその他大勢の人とは違う特定の人間として個人的に認知し、何らかの共通項や課題を介して（一時的にしろ）つながりを感じることである。この段階でのコミュニケーションは、挨拶、名刺交換などによるごく簡単な自己紹介か、共通体験についての感想、天候などの当たり障りのない世間話程度である。そして、互いにある印象をもち、今後の関係をどうするかを判断したりする。もちろん印象の如何にかかわらず、仕事などでやむを得ず関係を続けなければならなかったり、

第一印象は良くなかったが、次の探索の段階を経ると「好意」感情が芽生えることもあるだろう。

②関係探索の段階

①の段階だけで終わる関係もあるが、仕事上、あるいは個人的に関係を進展させたいと思えば、次の「探索」の段階に移る。ここでのコミュニケーションは、より詳しい自己紹介をしたり、相手に質問したりして、「類似性」や「相応性」を探り合い、応答し合い、相手との心理的距離をどの程度にするかを測るものである。その結果、運よく共通点が見つかると一気に距離が縮まり、親しみが増し、「好意」「慈愛」「尊敬」などの対人感情が強まる。共通点はなくても、自分にとって未知の属性や特性への興味や好奇心を刺激されることによっても距離が縮まり「好意」感情は増す。

③関係強化の段階

探索の段階では、互いに傷つかないように用心して、主に外面的な「属性」について共有部分を広げることから始まるが、「好意」感情が増すに従って、嗜好や価値観や心情など、より内面的な「特性」の共有への欲求が高まることになる。つまり、お互いに心の中のホンネを話し、聞きたくなる。その背景には、自分の内面を出しても馬鹿にされたり、裏切られたりしないという「信頼」感が育ち始めることがある（このコミュニケーションが「自己開示」といわれるもの。これに関しては次項で詳しく述べる）。

このように関係が強まると、２人の間に他者とは違う「我々意識」が芽生え、「相補性」が生じる。

④関係公認の段階

関係強化の段階では、当事者同士の間だけで親密な関係が認知されていたが、それが持続すると周囲の人たちもその関係に気付き認め始め、当事者の１人にもう１人のことを尋ねたり、書類などを「渡して

ほしい」と預けたりする。また、当事者の1人が、もう1人の代弁を第三者にしたり、代わりに物事の判断をするようになる。この公認の関係に法的な拘束力をもたせたものが、結婚や諸々の契約になる。こうなると相手に対する社会的な責任が生じ、一方の都合で簡単に関係を解消したり、約束を反故にできなくなる。

（5）対人関係の発展の原動力
①自己開示

「良好な関係」をつくる過程の、特に前項③「関係強化の段階」では、送り手が自分のホンネを受け手に話すコミュニケーションがその原動力の1つになる。心理学ではこれを「自己開示（self-disclosure）」と呼ぶ。この場合のホンネとは、それまで送り手が受け手には話していない、ありのままの真実の個人的情報のことで、家族のことや自分の生い立ちなどの「事柄的な事実」、社会的な事象についての考えや第三者についての人物評価、受け手の言動に対する考えなどの「価値観」、そのときどきに自分が「したい」、あるいは相手に「してもらいたい」という「意図や期待」、そして過去や現在に起きている喜怒哀楽や憂鬱などの「感情（情動・気分を含む）」の4つに大別される。

送り手の自己開示は、受け手に対する好意や信頼の気持ちを表したものでもあるので、受け手も「自分を信頼して話してくれたんだな」という「好意」感情をもつ。そして受け手がその感情を表情や視線、うなづき、あるいは言葉で「あぁ、そうだったんだ。それは知らなかった。大変だったね」と表現すると、送り手はわかってもらえたという感じが強まり、さらに「好意」感情が増す。

一方、受け手は、送り手の「好意」感情にお返しをしたくなり、「実は、私もその件に関しては、こんなことがあってね……」と自己開示をすることが多い。このやり取りが2人の親密さをさらに深める。

●最近、あなたが親しい友人などと交わした会話の中で、相手が「自己開示」したと思われる個人的なことを1つ思い浮かべ、「事柄的事実」「価値観」「意図や期待」「感情」の、それぞれに当てはまることを書き出してみましょう。また、あなたはそのときどんな気持ちになったかも書いてみましょう。

②ジョハリの窓

　この自己開示の働きを理解するのに役に立つのが「ジョハリの窓」である。これは、アメリカの心理学者ジョセフ・ラフト（Joseph Luft）とハリー・インガム（Harry Ingham）が1955年に考案したもので、2人の名前から「ジョハリ」と付けられた。「窓」というのは、図5－5のように正方形の中に縦横の直線を2本引いて、4つの区分けをした窓状の図形で説明したことによる。

　この「窓」は、1人の人の心を他者との関係でみるためにつくられ、正方形の上辺に、自分が「わかっている」、「わかっていない」、左辺に、他人に「知られている」、「知られていない」とあり、その縦横の組み合わせで4つの心の領域を表している。左上は、自他ともにわかっている「開放された領域」、右上は、他人は知っているが自分は「気付いていない領域」、左下は、自分はわかっているが他人には「隠している領域」、右下は、自他ともに「未知の領域」である。

　①で述べた「自己開示」は、他人に知られていない部分を表現するので、図の正方形の横線を下に動かす働きをする。また、他人からの「フィードバック」（第2章②（4）参照）は、自分がわかっていないこ

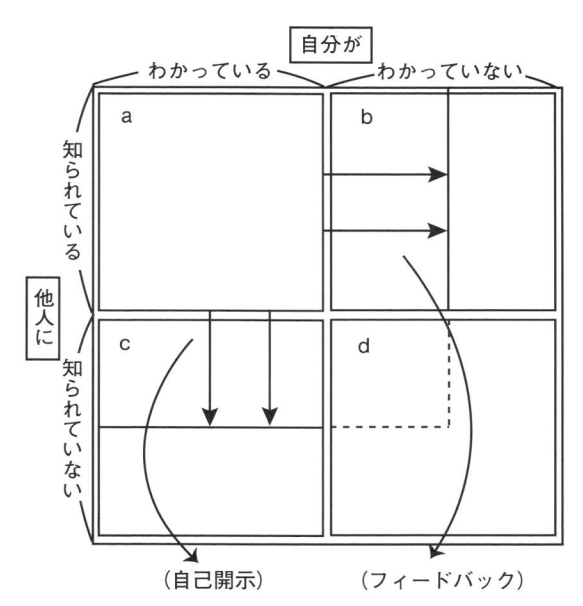

（出典）星野欣生「人間関係づくりトレーニング」金子書房、2003、P.120

図 5-5　ジョハリ（Johari）の窓

とを知らされるので、縦線を右に動かす働きをする。したがって「自己開示」と「フィードバック」が２人の間で適切に行われると「開放された領域」が互いに広がり、親密さが増すことになる。どちらかだけだと、領域の面積は偏ってしまい、心理的に落ち着かない状態になる。

（6）対人関係の崩壊

これまでは、対人関係の発展的な側面をみてきたが、逆に崩壊も起こり得る。自己開示に関しては、受け手との関係で深すぎるホンネの内容を開示してしまうとか、内容にふさわしくない受け手に開示してしまうと、受け手がびっくりして「好意」感情以外の「嫌悪」「恐怖」「軽蔑」などの感情を持ってしまったり、第三者に漏らしてしまうこともあり得る。それは、送り手の心が傷付き、２人の関係を壊すこと

にもなるので、その見極めをしっかりすることと、あらかじめその危険性を覚悟しておく必要があるだろう。

　特に「②関係探索の段階」から「③関係強化の段階」では、共通点を求めて相違点に目をつぶったり、相違点を好意的に受け止め、刺激としたりしているが、その質と量が一定の限界を越えると我慢できなくなる。それは、自分にとっての利益を侵害されたり、自分の存在を軽んじられたり、相手への期待や予想が外れ、信頼が裏切られたりという経験である。そして互いの「好意」感情も、徐々に、あるいは急激に萎むことになる。その結果、両者の間のコミュニケーションは、その食い違いに触れないようになり、表面的で冷めたものになったり、相手を非難したり攻撃するものになっていく。

　この「限界」は、両者のものの見方や考え方の許容度、こだわりの程度、支配性の強さなどのパーソナリティ特性に負うところが大きいと思われる。

　以上のように、他者との関係をつくったり維持したりするための基本的なプロセスとメカニズムについて論理的に整理しておくと、それぞれの場面でのコミュニケーションのあり方を改善するのに有益だろう。

3 自分づくりのため

　コミュニケーション力の欠如への非難・批判の裏にはコミュニケーションの必要性、コミュニケーション力を向上させることで、直面する課題や問題が解決されるだろうという期待がある。これについては、既に１で取り上げた。つまり、私たちが直面する課題が複雑になればなるほど、コミュニケーションは問題を解決するための有効な手段だという期待である。

　そしてもう１つの期待は、問題の原因が人間関係の希薄化、他者への無関心、関係づくりの困難化に起因する現実に直面して、他者との関係づくりに不可欠な手段としてのコミュニケーションへの期待である。

　これらの２つの期待に応える能力としてのコミュニケーションは、基本的には、複数の人が知識や知恵を交換し合うことは、１人で考えるより効果があるという期待とともに、一人ひとり異なる複数の人たちが一緒に働き、生活することが決して容易なことではないという暗黙の了解がある。

　「多様な人がともに生きることの困難さを乗り越えるためであると同時に、その多様さこそ人間社会の発展に重要な意味がある」ので、コミュニケーションは不可欠の行為だといえるだろう。

　しかし、コミュニケーションをする意味はもう１つある。それは、他者や組織の問題解決の手段としてではなく、自分のもつ問題や課題の解決のためだけでもない。コミュニケーションをするのは、「自分づくり」、「自己成長」のためなのである。コミュニケーションが自己成長のために不可欠である理由は、人は誰でも１人では生きられないからである。この理由は誰も否定できないだろう。

人が1人では生きられないという説明だけでは、コミュニケーションが自分づくりのために必要だという説明としては弱いのかもしれない。臨床哲学を提唱する哲学者の鷲田清の言説はコミュニケーションと自己成長との関係を見事に説明していると思われるので、ここに引用しておきたい。

　「コミュニケーションといえば、意思の一致、つまりコンセンサス（合意）をイメージするが、もしコミュニケーションを動機付けているものが、その中で各人が他者の存在とともにその前にいる疑いもなく存在するものとして自分を感じることにあるとするならば、そこにおいて最も重要なことは、他のひと、自分とは異なる存在をそこにありありと感受するということであろう。他者との差異に深く思いをいたすことで、自分という存在の輪郭を思い知らされることであろう。つまり、それは、＜他＞なるものをとおした自己の経験として、意思の差異というよりむしろ存在感情の差異とでもいうべきもの、あるいは感受性や思考の働き出し方の微妙だが深い差異をこそ感受するものでなければならない」（鷲田清「『聴く』ということの力」1999、98-99ページ）

　自分づくり、自己成長は1人ひとりの責任であり、充実した人生を送るための土台であるということは誰でもが認めるだろう。しかし、自己成長が自己責任だからといって、他者の力を借りないということではない。自己成長に不可欠の自己を知り、自己のアイデンティティを育む力をもとうとするのは、一人ひとりの責任だが、自己成長を望む姿勢をもつだけでなく、実際に実行しなければならない。そのためには、「他者の存在」が必要不可欠なのである。
　鷲田が「他者の存在」そのものが必要だというのは、特定の支援者の援助や指導を受けなければできないという対処療法的なことを意味

しているのではなく、他者の存在を意識し、認めることである。他者があって初めて、人は自分を客体としてとらえることができる。自己と異なる存在を知ることによって自己のアイデンティティが獲得できるのである。

　「近くにいても感じるとは限らない」、反対に「遠くにいても、たまにしか会わなくても、通じる」。これは、他者の存在を意識するのは、物理的な距離の問題ではないことを表す表現である。コミュニケーションは他者の存在を認めるためということができる。

　自分と意見や感じ方、価値観を共有できる人とのコミュニケーションのほうが共通点が多いから、自分を成長させてくれるという考え方をする人もいるかもしれない。しかし本当に、何ごとに関しても、どんなときでも、同じように考え、同じように感じ、同じように判断する人が２人いるだろうか。万一そういう２人がいたとしたら、コミュニケーションの必要がないだろう。まさに阿吽の呼吸で通じるので、コミュニケーションの能力を向上させる努力はいらないのかもしれない。しかし、現実にはあり得ないことである。コミュニケーションは、基本的に考えや思いを異にするという困難な状況にあるからこそ意味のある行為であり、異なる人と向かい合うからこそ学ぶことができ、自己を成長させることができるのであろう。

第6章

コミュニケーション力を活かす場面

　本章では、これまで述べてきた対人コミュニケーション力の基本的な枠組みや考え方に基づいて、職場、相談機関、特にメンタルヘルス支援の場でどのように活かすかについてみてみたい。

1 職場で

（1） 関係づくりの難しい人とのコミュニケーション

　十人十色、人は容姿はもちろんのこと考え方や性格、気質、全て違う。誰にも反りの合わない人の1人や2人はいる。また、職場で複数の人から敬遠される「つきあいづらい人」がいることも事実である。個人的な関係なら、そういう人とはつきあわなければよいのだが、職場で仕事を進める上ではそうはいかない。職場組織は人と人とのコミュニケーション・ネットワークであり、様々な情報交換と共有を通じてお互いに協力、連携することが前提となって成り立っている。したがって、否応なくつきあわざるを得ない場合もあり得る。

① 「専制君主的ワンマン」型の人

　つきあいづらい人の筆頭は、自分の意見や見方がいつも正しく、他の人のやることなすことが気に入らず文句を付け、ときには感情的になって怒鳴ったり脅迫したりする人だろう。ときに自分より下位、あるいは弱いと思っている人から批判されたり、反論されると逆切れすることもある。これは、第4章の①で述べた「支配的・攻撃的自己表現」のタイプに相当する。管理職がこのタイプだと、パワーハラスメントやモラルハラスメントを引き起こす危険性がある。

1） つきあい方その1：相手を分かってあげる

　こういう「つきあいづらい人」とのつきあい方の第1歩は、なぜそういう行動をとるのかを分かってあげることだが、その「心のメカニズム」には、いくつかのパターンがある。

　専制君主的ワンマン型の人の場合の「心のメカニズム」の1つは、子供のころから親や周囲の人からチヤホヤされ、我がまま放題に育ってきたため、万能感をもっているパターンである。自分のやりたいこ

とを人から阻止されたり、事情によってその実現が妨げられたりした経験があまりなく、無力感や挫折感を味わってこなかった。その結果、批判されたり妨害されることへの潜在的な恐れを抱いていることが多い。

　したがって、怒鳴られたり脅迫されるといった事態を避けるためには、常に強く出て負けないようにしなければならない。相手が悪い、相手を間違っていることにしないと自己防衛できない。また、挫折したとき、他の人から「支えてもらった」経験がないので、人に対する基本的な信頼感や安心感、それに感謝の念をもっていない。誰かに「助けてもらった」経験はあるかもしれないが、その場合も感謝するどころか「当然」意識が生じ、むしろ我がままさが増長されることが多い。

　このタイプの「心のメカニズム」のもう1つのパターンは、逆に小さいころから親などから常にきついダメ出しばかりされ、ひどい挫折感を何度も経験し、しかも人から支えてもらった経験がないので、二度とそういう辛い目に遭わないために突っ張らなければならなくなっている人である。この場合は、心の根底に自己否定、自分不信、人間不信の心情がある。

　そのほか、気質的に「せっかち」で仕事の「できる人」の場合、人

のしていることがグズグズ、ノロノロやっているようにみえてしまい、イライラして、つい怒鳴ってしまうというパターンもある。

２）つきあい方その２：相手の気持ちを聴いて分かってあげる

つきあい方の第２は、相手の人の「心のメカニズム」を理解した上で、その言い分をよく聴くことである。それには第４章の②で述べた「聴き方」の技能が有効だろう。こういうタイプの人は、事柄はともかく、特に「気持ち」（「情」や「意」）をきちんと聴いてもらい、受け止められたことがないので、大いに面食らうはずである。それは感情の高ぶりを静め、「戦意」を喪失させる効果がある。

ただし、このタイプの人に対応する側は、相当の勇気と冷静さと辛抱強さ、それに相手の「心のメカニズム」への温かい理解が必要である。特に自分がこういう人からの攻撃の対象になっているときは、こちらも感情が揺らぐため、なかなか難しい。しかし、けんか腰になったり、尻尾を巻いて引き下がる、無視するのは得策ではない。それこそ相手の思うツボで、「戦意」を高めてしまう。

毅然としながら、しかも敵意ではなく、むしろ親しみをもった姿勢が大事で、相手に「恐れ」や「警戒心」をもたなくてもよいことを示す必要がある。具体的には、相手の目をきちんと見て、「あいづち」や「うなづき」をしながら、相手の言う事柄的なキーワードや感情、意図を表す言葉をしっかり聴くこと、相手が何にこだわり、どんな気持ちになっているのか理解したことを言葉でフィードバックすることであろう。

例えば、短気でワンマンタイプのＯ部長が、自分の見込み通りにことが運ばないことに腹を立て、担当のＰ課長を呼び付けて、「Ｐ君、あんたは課長だろ。何やってたんだ。オレの言った通りにやってないじゃないか。こんなことじゃ、うちの部は社内で笑いものになる。オレの顔に泥を塗るつもりか。えっ。あんたやる気があるのか」と怒鳴

り付けたとする。そのとき、Ｐ課長は何と答えればよいのだろうか。こういうときには、第４章の[1]で述べた三段論法を思い出してほしい。

　Ｏ部長の「攻撃」が一段落したところで、「Ｏ部長がご立腹なのは、私が指示どおりにやっていないので業績が上がらない。そして、部長の面子をつぶしてしまったからなのですね。そのお気持ちはよくわかりました」といった具合に、まずはＯ部長の言おうとする「事柄」と「気持ち」を理解したことを伝える。

　ここではアンダーラインのように、Ｏ部長の個人名をはっきり言うのがポイントである。それによってＯ部長は、自分の言ったことを意識させられる。その後に続く「立腹」という気持ちと、その理由を「わかりました」の表現で、自分の言おうとすることがちゃんと伝わったことを確認でき、内心怒りの感情が少し減り、落ち着くことができる。と同時に、Ｐ課長が言い訳をすると思っていたのに、きちんと答えたので戸惑いを感じるだろう。

　この「落ち着き」と「戸惑い」は、ある意味でＯ部長＞Ｐ課長の心理的力関係を、Ｏ部長≧Ｐ課長、又はＯ部長＝Ｐ課長に変化させることになる。

３）つきあい方その３：こちらの言い分を主張する

　つきあい方の第３歩は、こちら（Ｐ課長）の言い分（内容と気持ち）をきちんと表現し、主張することである。具体的には、やはり相手の目を見ながら、「今度は、私の言うことを聴いていただけますか。まず、ご指摘の内容についてですが、私としては部長の指示に沿って、これまでカクカクシカジカという努力をしてきました。しかし、事態は必ずしも部長のお考え通りにはいかないのです。これは言い訳にとられるかもしれませんが事実です。そのことをご説明する前に、突然にそのように強くご不満を言われて、私の気持ちは非常に残念で、とまどっています」と、Ｐ課長の努力したことと気持ちを、手短に、冷静に応

答する。相手を批判したり、くどくど言い訳をしたり、売り言葉に買い言葉にならないように極力注意する。

そして、「部長のご意向とお気持ちと、私のそれを近付けるのにはどうしたらよろしいのでしょうか。お考えをお聞かせいただけませんか」と、問題解決へ向けた提案をする。

これらの対応の仕方は、相手が上司であったり、大事なお客様であったりすると非常に難しい。しかし、いつまでも手をこまねいて引き伸ばしたり、逃げ回っていると、こういう人はますます怒りを募らせ、自分のやり方を変えるチャンスを失ってしまう。あまりに「被害者」が続出する場合は、上層部に直訴する方法も取らざるを得ないだろう。

② 「沈黙は金」型の人

次につきあいづらいのは、黙して語らず、暖簾（のれん）に腕押しのタイプだろう。いろいろ働き掛けてもはっきりした反応が返ってこない人である。

1） つきあい方その1：相手を分かってあげる

このような人とのつきあい方の第1歩は、やはりなぜそうなるかを分かってあげることだが、その心のメカニズムもいろいろである。

この典型は、これまでの人生で「沈黙は金」という生き方（価値観）を身に付けてしまったタイプである。生まれつき気が小さく、神経質な気質もあって、幼いときから自分のいいところを親など周囲の人から認めてもらえず、自分に自信がもてないまま育ってきてしまったという場合が多い。人間関係の軋轢（あつれき）があっても、自分の意見を言わずに曖昧にやり過ごすことが、それ以上互いに傷付け合って、ひどい状態にしない最良の方法だと考え、ときには黙っていることが相手にとっては不気味な脅威になり、自分が優位になることを学んでしまったのだろう。これは、第4章の①で述べた「服従的・消極的自己表現」のタイプに相当する。

２）つきあい方その２：沈黙の意味を分かってあげる

　また、その人にとっての「沈黙」の意味を推測して、分かってあげることも大事である。一般に人が沈黙するときは、

- ・その場の状況がよくわからず、どうしてよいか混乱している
- ・聞かれた事柄に、何を言おうかと考えている
- ・聞かれた事柄に返事を用意しているが、それを言うことが恥ずかしい。あるいは、どう思われるか不安を感じている
- ・聞かれたこと、あるいは聞いた人に嫌な感じや抵抗を感じている
- ・自分の関心の持てない話題なので話す気がしない
- ・相手が何か言ってくれるのを待っている
- ・自分の中で一区切りついたと感じ、同時に「わかってもらえた」というほっとした状態になり、そのため特に話すことが思い浮かばない

などの心境が考えられる。「沈黙は金」の人の沈黙にも、こういうことがあると思われる。あまりに長い沈黙の場合は、その場で相手の心境を推測し、「何か話しにくいでしょうか？」と気持ちをわかろうと

している姿勢を示すことが必要だろう。それが的中すれば、「気持ち
をわかってくれる人かもしれない」と少し心が緩む。

3）つきあい方その3：相手に問い掛ける

　つきあい方の第3歩目は、とにかく口を開いてもらうことである。

　ここでもやはり、親しみと温かさを込めた「聴く姿勢」が基本で、
それに加えて、こちらからの「問い掛け」が必要になる。ただし「問
い掛け」は、「何か言いたいことはないのか？」、「このことに反対？
賛成？」など、「はい」、「いいえ」で答えが済んでしまうような質問は、
得られる情報量が少なく、避けたほうがよい。

　また、人は一般に、質問されるという場面では、小学校時代からずっ
と答え方によって自分を評価・判断される「試験」の一種ととらえや
すい。一瞬「ん、質問の意図は何だろう？　どう答えることが、それ
に沿ったことになるのだろう？」と警戒し、防衛的にならざるを得な
い。そこで、こちらの意図を説明しながら、問い掛けることが望ましい。

　例えば、「何か言いづらい（居心地がよくない）ようにみえて心配な
んだけど……、よかったら聞かせてくれるかな？」（「相手が心配だか
ら聞く」という意図を言う）、「この問題の解決にあなたも関係するので、
ぜひお考えをうかがいたいんですが、このプランについてどう思いま
す？」（「相手の意見を加味して決めたいから聞く」という意図を言う）などと、
返事を急かさずに時間の許す限り待つことである。

　「別にないです」とか「わかりません」という答えが返ってきたら、「あ
まり思いつかないということ？　それとも言いにくい？」と問い掛け
たり、「じゃあ、こういう点はどうですか？」と視点を変えて聞いて
みる。「それじゃあ、○○と考えていいですか？　それとも……」と、
あえて相手が否定しそうな誘い水を出して、さらに答えを待つ。

　無言で席を立ってしまうようなら、「まだお返事をいただいていま
せんので、明日またご連絡します。」と、あきらめたり投げ出さずに、

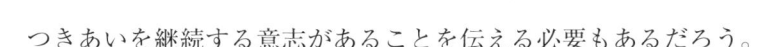

つきあいを継続する意志があることを伝える必要もあるだろう。

4）つきあい方その4：相手の存在価値を認める

つきあい方の第4歩目は、相手の応答の中から意味や価値のあることを表す部分について、必ずそれを繰り返して（承認して）フィードバックし、認める。「なるほど、そうですか。そうすると、このプランには無理なところがあるんじゃないかと思っていらっしゃるんですね。うん、そうかもしれませんね。気が付きませんでした。例えば、どんなところですかね……」というように。

このように返されると、相手は自分の考えたこと、言ったことが相手のためになった、つまり価値のあることなんだと感じられ、自己評価が少し上がり自信をもつようになれる。

③「一匹狼」型の人

次につきあいづらいのは、一匹狼的に単独行動が多く、上司や同僚とは最低限のつきあいしかせず、協調しないタイプである。無愛想で普段の打ち合わせにもほとんど出て来ない。とにかくマイペースで自分のやり方を曲げない。これには、面倒なことには関わらず、楽なこと、自分の関心のあること以外には手を出さず、仕事や人間関係自体に常に一定の距離を置いて、あまり関わろうとしないタイプも含まれる。

1）つきあい方その1：相手を分かってあげる

このような人とのつきあい方の第一歩も、その心のメカニズムを分かってあげることから始まる。この一匹狼的な人には、いくつかのタイプがある。

小さい子供のころから甘やかされ、自分の思い通りにならないと黙ってしまったり、すねたり、むくれたり、かんしゃくを起こしたりすることで自分の欲求を実現してきたタイプ。

人並み以上に仕事の能力があるので、人のやっていることが不十分

にみえ、人に任せることができないタイプ。

　生まれ付き不器用で、変化に即応することが苦手だったり、本当は気が小さく恥ずかしがりやで、多くの人と一緒だと気が回らず、自分がどうすればよいかわからなくなるタイプ、などである。

　さらには、職場のやり方や上司に対して不満や不信を感じており、自分の居場所がないと思っている場合もある。

2）つきあい方その２：相手とのチャンネルを合わせる

　つきあい方の第２歩目は、とにかく辛抱強く働き掛け、その人の関心事にコミュニケーションのチャンネルを合わせることである。そして、人と協力して何かをすることの効用と快さを実感してもらう。これには、その人の存在や能力を認めるという意味で、褒めたり感謝することも必要である。

　「なるほど、そういう考え方もあるね。いや、助かったよ。ありがとう」、「今度の打ち合わせは、君がいないとどうにも進まないんでぜひ来てほしいんだ。関係ないと思うかもしれないが、頼むよ」

　以上のほかにも、妙に「乗り」のよすぎる人、そのとき主流になっ

ていることに同調していく、いわゆる風見鶏的な人、自分も関わりのあることなのに第三者的に評論家的な言動をする人、「ああでもないこうでもない」と全てに文句を付け、決して建設的なことを言わない人などもいる。

　これらの人たちも心の奥底では、自分の弱い部分を人から突かれたり、あらわになるのを恐れている場合が多いようである（ただし、これらの傾向がかなり強く、仕事や社会生活自体が阻害される場合は、近年増えているといわれる発達障害、あるいはパーソナリティ障害の可能性も視野に入れて専門家に相談する必要もある）。

　こういう人たちを、どうしようもないやつ、軽薄なやつ、優柔不断なやつと敬遠したり、軽蔑したり、イラついたりする自分のネガティブな価値判断そのものが、逆にこういう人たちをそれぞれのタイプへと追い込んでいる面もなきにしもあらずである。また、「つきあいづらい人」と評価する自分自身の価値基準も振り返ってみる必要もある。

　もちろん自分にとって、公的にも私的にも直接的な関わりのない人の場合は、何らかの働き掛けをする必要はない。ただ、少しでも関係する人には、その心情を思いやり、気持ち（「情」と「意」）を分かってあげる、分かろうとする「お節介」行動が、希薄化しつつある人間関係を回復し、効果的な組織活動や自分自身のメンタルヘルスを保つ上で大事なことになる。

> ●あなたにとって「つきあいづらい」人を1人思い浮かべ、その人に対してなぜそういう気持ちになってしまうのか、そのもとにある自分自身の価値基準を書き出してみましょう。

（2）リーダーシップとコミュニケーション

　組織におけるコミュニケーション・ネットワークの要は、それぞれの段階のリーダー（長）である。このリーダーのコミュニケーション力次第で、その職場の構成員の意欲や充実感に影響し、結果として業績を左右する。ここでは、このリーダーのあり方、リーダーシップについて、コミュニケーションの観点から考えてみよう。

　学問的には1930年代以降、アメリカのレビン（Lewin, K.）が始めたグループ・ダイナミックスの研究が最初であるが、その後の研究の流れは大きく2つに分かれる。1つは、特性論といわれるもので、有効なリーダーシップを発揮するリーダーは、個人的にどのような性格特性や機能特性を備えているかを分析したものである。もう1つは状況論といわれるもので、リーダーシップはリーダーの特性だけで決まるのではなく、そのときの組織の状況、メンバー（部下）との関係、公的権限の大きさなどとの相互関係によって決まるとするものである。以下、その概要を記しておく。

①リーダーの性格的特性の研究

　まず、リーダーの個人的性格特性の分析だが、これはまさに数えきれないほどある。その効果との関係は、なかなか決定打のないのが現実だが、一般的には次の6つに集約される。

- **安定性**：自律性、非抑うつ性、落ち着き、自己認知の現実性など
- **統率性**：率先垂範性、適性配慮性、判断の的確性、強気、責任感、表現力、傾聴力など
- **社交性**：人当たりのよさ、明るさ、オープンさ、気持配慮性、面倒見のよさなど
- **決断性**：現実性、信念の強さ、決断の速さなど
- **思索性**：論理性、思慮深さ、創造性、大局性、柔軟性など

> ・**意欲性**：挑戦性、積極性、粘り強さ、本気さなど

　これらの性格的特性は、リーダーの地位にある者にとって自分の適性を判断したり、自己啓発をするための目標になる。また、公的機関や企業などで、人事考課の指標に使われることも多い。

②リーダーの機能的特性の研究

　リーダーがその集団なり、組織なりで果たす機能（役割）を大別すると、「体制づくり」機能と「配慮」機能に分かれるというものである。「体制づくり」機能とは、メンバーの役割や仕事の手順を明確にし、業績を上げるように、ある意味での強制力を使って働き掛けをすることである。

　「配慮」機能とは、メンバーが仕事を効率よくできるようにアドバイスをしたり指導したり、相談に乗ったりすることと、メンバー間の人間関係の調整や親和を保つようにすることである。

　この2つの機能は、両方をバランスよく果たすことが大事だが、順番的には、まず「配慮」機能でメンバーの心をつかみ、まとめ、意欲付けをすると、「体制づくり」機能もスムーズに果たすことができるという関係にある。

　三隅二不二（1984）は、この「体制づくり」機能をP（課題遂行：Performance）機能、「配慮」機能をM（集団維持：Maintenance）機能と名付けて、いわゆるPM理論を展開した。そしてP機能、M機能それぞれをどの程度果たしているかを測定し、図6−1のような4つの類型化をしている。

　三隅は、右上のPM型、つまりP機能、M機能の両方とも十分に果たせるリーダーが最も望ましいとした。右下のPm型は、仕事第一主義の厳しいリーダー、左上のpM型は、人間重視の人情的リーダー、左下のpm型は、何もしないお飾りリーダーということになろう。

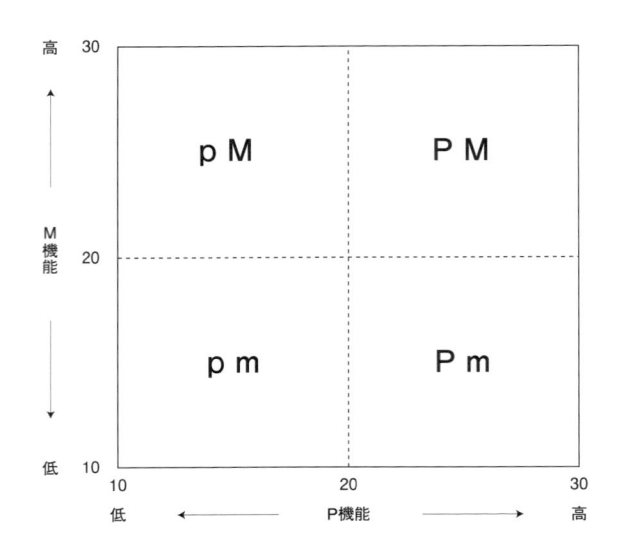

図6-1　PM理論によるリーダーシップ機能のタイプ

　ちなみに表6-1は、三隅の測定項目を参考に著者が作成したものである。あなたのリーダーシップのタイプをこれで調べてみよう。

1）あなたはP機能重視かM機能重視か

　まず、各項目の番号の頭についている□の中に、この20項目の中で、あなたが大事と思うリーダーの行動を10項目選んでチェックする。そしてチェックされた番号が奇数はいくつ、偶数はいくつあったかを記録する。もう気付いていると思うが、実はこの20項目は、偶数番がP機能、奇数番がM機能を表している。したがって選ばれた10個の項目のうち偶数番が何個、奇数番が何個あったかを見れば、あなたがどちらの機能を重視しているかがおおよそわかる。

　日本人の場合、集団の「和」を重視することが浸透しているせいか、どうしても奇数を選ぶ率が高くなるが、本来は両方の機能を果たし、バランスがとれていることが望ましい。

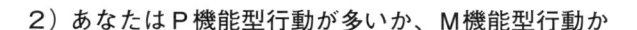

２）あなたはＰ機能型行動が多いか、Ｍ機能型行動か

　次に、各項目の右端についている目盛りには、その項目に書かれていることを、自分は日ごろどの程度やっているかを正直にチェックする。「いつもそうしている」は３点、「ときにはそうしている」は２点、「ほとんどそうしていない」は１点として、偶数番（Ｐ機能）の得点と奇数番（Ｍ機能）の得点のそれぞれの合計を計算する（10項目全てが「いつもそうしている」（３点）だと、満点は30点になる。また、全て「ほとんどそうしていない」（１点）だと合計10点になる）。

　あなたのＰ機能行動の得点の合計を図６－１の下側の横線上に○印を付け、Ｍ機能行動の得点の合計は左側の縦線上に○印を付ける。その○印からそれぞれ線を上及び右に延ばして交わった点が、あなたのリーダーシップ機能のタイプの領域になる（縦横各軸の真中は20点なので、それよりも大きいか小さいかでタイプは分かれる）。

３）あなたの理想と現実の食い違いは

　最初にチェックしたＰ機能重視か、Ｍ機能重視か（選択した10項目の奇数番、偶数番の内訳を、５：５の場合をＰＭ領域として、それ以外をＰｍ領域かｐＭ領域とする）という結果（理想）と、Ｐ機能行動得点、Ｍ機能行動得点では、どの領域になったか（現実）を比べてみよう。食い違いはないだろうか。もし、食い違ったらそれはなぜかを考える必要がある。

表6-1　リーダーシップ・スタイル・チェックリスト

集団のリーダーのあり方には、いくつかの機能があります。以下の 20 項目は、それらを行動の面で記述したものです。各項目の表している行動について、次のとおり 2 通りの回答をしてください。

（1）20 項目のうち、あなたがリーダーだったら重視するという行動を 10 項目だけ選び、その番号の
　　　□の中に○印を書いてください。
（2）20 項目全ての行動について、あなたがリーダーとして行っている程度を、右端の 3 つの目盛か
　　　ら 1 つだけ選び、○印を付けてください。

なお回答は、あまりアレコレ考えずに直感的に選んでください。これは優劣を問題にするためのものではなく、どういう傾向にあるかを自覚するためのものですので、素直に回答して下さい。

		いつも そうしている	ときには そうしている	ほとんど そうしていない
□ 1	部下の提案やアイデアは、できるだけ取り入れる	3	2	1
□ 2	仕事を計画的に進めるために、ときには部下の個人的都合を我慢させる	3	2	1
□ 3	部下が仕事上困っていないかどうか、常に気を配る	3	2	1
□ 4	仕事の出来が悪かったりミスをしたときは、その都度厳しく注意する	3	2	1
□ 5	部下の個人的生活面についての情報も集める	3	2	1
□ 6	なかなか仕事の進まない部下には、必ずハッパを掛ける	3	2	1
□ 7	部下のミスは、自分にも責任があると思って処置する	3	2	1
□ 8	仕事の目標達成を常に職場で話題にする	3	2	1
□ 9	部下が一生懸命努力したり成果を上げたときは、必ず褒める	3	2	1
□ 10	仕事上の期限や計画は厳しく守らせる	3	2	1
□ 11	重要な問題は、部下の意見を聞きながら対処する	3	2	1
□ 12	一つの仕事が終わったら必ず報告させる	3	2	1
□ 13	ミスを叱るときは、人格を傷つけないように配慮する	3	2	1
□ 14	部下それぞれの役割や責任を自覚させ、果たさせる	3	2	1
□ 15	部下の個人的な問題にも親身になって面倒をみる	3	2	1
□ 16	仕事はあらかじめ計画をきちんと立てさせ、その通りことが運ぶようにさせる	3	2	1
□ 17	部下とはできるだけ時間をつくって、いろいろな話をする	3	2	1
□ 18	問題やトラブルが生じたときには、率先して解決策を示す	3	2	1
□ 19	部下が気楽に自分に話し掛けられるような雰囲気づくりをする	3	2	1
□ 20	規律や規則は厳しく守らせる	3	2	1

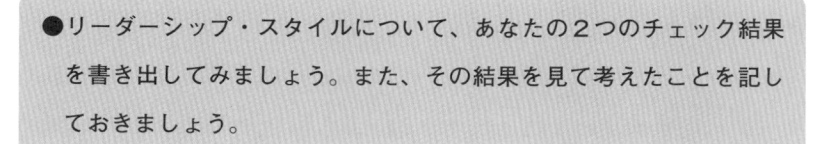

●リーダーシップ・スタイルについて、あなたの２つのチェック結果を書き出してみましょう。また、その結果を見て考えたことを記しておきましょう。

....

....

....

　ここでのチェックリストの結果はあくまであなたの主観的な評価であって、本来は、部下の人たちにあなた自身の考え方や日ごろの行動を評価してもらい、それを集計して、突き合わせてみる必要がある。自分がいくら「M機能を重視してやっている」と思っても、部下がそう受け止めていなければ何の効果もないことになる。ぜひ試してみてほしい。

　なお、リーダーの機能的特性は、リーダー固有の性格とは違い、自分の性格的には多少合わない行動でも、意識して行えばそれなりの効果が期待できる性質のものである。よく行われているリーダーシップ訓練などは、この考え方に基づいている。

③リーダーが置かれた状況との関係の研究

　アメリカの社会心理学者フィードラー（Fiedler, F. E., 1967）は、リーダーシップの有効さは単にリーダーの特性によるのではなく、その組織の置かれた状況との関係で決まるという理論（条件即応理論）を打ち出した。

　それによると、組織の状況として「部下がリーダーを信頼し支持しているか」、「組織目標やその達成方法が明確か」、「部下に対する権限が大きいか」の３つが重要であるとしている。

　そして、公的機関のように「組織目標やその達成方法が明確」で「部

下に対する権限が（比較的）大きい」組織では、「部下がリーダーを信頼し支持している」なら仕事指向型のP型リーダーが望ましいし、「部下がリーダーを信頼し支持していない」なら人間関係指向型のM型リーダーが望ましいという。リーダーとメンバー（部下）との人間関係の良し悪しがリーダーシップの有効さのベースとなるようである。

　したがって、仕事遂行機能重視のP機能型リーダーであっても、人間関係づくりのためのコミュニケーションの能力を高めることが重要になる。

　最後に、アメリカの心理学者ノーラン（Nolan, E. J., 1978）が、リーダーが行うべきコミュニケーション技法を一覧表にしたものを紹介しておきたい。この表6－2は、職場やチームなどでの話し合いや部下との個人的な話し合いのときに、相互理解を促進するためにリーダーがとるべきコミュニケーション技法をまとめたもので、第4章、第5章で述べてきたことも網羅されている。また、これらは何もリーダーだけのためのものではなく、メンバーの立場、あるいは個人としても、自分の日ごろのコミュニケーションで足りないものをチェックするのに有効だろう。

表6-2　リーダーのコミュニケーション技法の一覧

技 法	説 明	目的と結果
傾聴 Active Listening	善悪の判断や評価をしないで、言語的・非言語的両側面から、コミュニケーションに気を配りながら付き添っていく	信頼関係をつくり、メンバーが心を開き、問題を探るようになることを奨励する
明瞭化 Clarifying	感情と思考の両レベルから、メッセージのエッセンスを把握する；メッセージの核心に焦点を当てて、メンバーの陳述をすっきりさせる	メンバーの感情と思考の葛藤と混乱を整理するため；伝えようとしていることの意味の理解へ到達するため
要約 Summarizing	相互作用やセッションの重要な要素をまとめる	セッションの断片化を避け、方向を与えるため；つながりと意味付けを提供する
質問 Questioning	何をするのか、どうするのかを自己探索できるように"開かれた質問"をする	話をもっと引き出すため；情報を求めるため；考えを刺激するため；わかりやすく、話の的を絞るように刺激するため；もっと自己探索をする準備のため
解釈 Interpreting	ある行動の感情、思考に対して、別の可能な説明をしてみる	もっと自己探索を深めるよう励ますため；個人の行動について考察したり、理解するために、新しい展望を促進するため
対決 Confronting	参加者に対して言っていることと、していることとの違いや、身体が伝えていることと、言葉で話していることの食い違いに気付くようにチャレンジする	正直に自己を探るよう励ますため；可能性を十分に活用するよう促進するため；自己矛盾に気付くようにするため
感情の反映 Reflecting Feeling	感情の内容を理解していることを伝える	言葉で言っているレベル以上のことが伝わり、理解されたということをメンバーに知らせるため
支持 Supporting	激励し、繰り返し望ましい行動を補強する	望ましい行動を持続するようにメンバーを励ます雰囲気をつくり出すため；解決しにくい葛藤に直面しているメンバーに援助を提供するため；信頼感をつくり出すため

技　法	説　明	目的と結果
共感 Empathizing	メンバーの物の見方を想定することにより、メンバーと一体感をもつ	治療的関係に信頼感を育て上げるため；理解していることを伝えるため；自己探索のレベルを深めるように励ますため
促進 Facilitating	グループ内で明確に話せるようにし、率直なコミュニケーションをするように仕向ける；グループの方向付けに対して、メンバーがますます責任を引き受けるようになるよう援助する	メンバー間の効果的なコミュニケーションを促進するため；グループ内で各人の目標を達成するよう援助するため
提案 Initating	グループへ関われるように措置を講じ、グループに新たな方向付けを導入する	不必要なグループのあがきを防止するため；グループの進行過程の歩みを進捗させるため
目標設定 Goal setting	グループの進行過程に特別な目標を設定し、参加者に具体的で意味のある目標が決められるように援助する	グループ活動に方向を与えるため；メンバーが目標を選択し、明瞭化することを援助するため
評価 Evaluating	進行中のグループ過程と個人やグループのダイナミックスについて判定する	自己の気付きを深め、グループの動きや方向をさらに理解するよう促進するため
フィードバック Giving feedback	メンバーの行動の観察に基づいて、具体的に正直に感じたことを表現する	その人が他人にどのように見えているかという相手側からの見方をわからせるため；メンバーの自己の気付きを増大させるため
示唆 Suggesting	新しい行動に導くため、アドバイス、情報提供、方向付け、アイデアを出す	メンバーが思考や行為について、別のやり方を見付け出すよう援助するため
保護 Protecting	グループ中の不必要な心理的危険性から、メンバーを安全なように守る	グループの関わりの中で生じる危険性についてメンバーに告知するため；これらの危険性を解消するため
自己開示 Disclosing Oneself	グループで、"今ここ"に生じていることへの、各人の反応を明らかにする	グループの相互作用のレベルをもっと深めることを促進するため；信頼感をつくるため；自分を他の人に知ってもらう方法のモデルを示すこと

技　法	説　明	目的と結果
模範 Modeling	望ましい行動を実行して、具体的に他者に示して見せる	望ましい行動の手本を示すため；メンバーが自分の潜在能力を十分開発するよう激励するため
沈黙 Dealing with Silence	言語的・非言語的コミュニケーションを差し控える	反省と消化（理解）をさせるため；焦点を絞るため；感情的な色あいの強い事柄を融和するため；グループそのものを情報の供給源として活用できるようにするため
阻止 Blocking	グループで生産的でない行動が生じたときストップするよう介入する	メンバーを保護するため；グループの進行過程の流れを速めるため
終結 Terminating	グループがセッションを終え、グループの歴史に決着を付ける準備をする	メンバーが日常生活にグループで学んだことを同化し、統合し、応用できるように準備する

（出典）　Edwin J.Nolan"Leadership interventions for promoting personal Mastery"Journal for Specialists in Group Work, 1978,3(3),132-138

（3）チームワークとコミュニケーション

①組織活性化におけるチームの重要性

　アメリカの心理学者リッカート（Likert, R., 1967）は、組織を図6－2のようなチームの積み重ねとしてとらえ、その目的追求のためには、まずトップのチームを活性化し、その影響を各段階のリーダーを「連結ピン」として、徐々に下位のチームに伝播させていく方式を考えた。この場合のチームとは、組織の集団的構成単位である職場やプロジェクト・チームを想定しており、1人のリーダー（上司）と複数のメンバー（部下）からなっている業務遂行の1つのまとまりである。

　リッカートは、なぜこの職場チームに注目したのだろう。その背景には、1960年代のアメリカで理論化と実践が展開された「組織開発（Organization Development）」の発想、つまり「組織を構成し実際に働く人たち個々人の人間性や人間としての権利を大事にし、その意欲を

高めることによってはじめて、組織の構造や機能の効果性も高まる」
という考えがある。そして働く人たちの人間性を大事にするには、個
人にとって「情」や「意」を丁寧にわかり合える、最も身近な小集団
の中でこそ可能になるとする。

　また、前項「（2）リーダーシップとコミュニケーション」で述べ
たリーダーの「役割や任務を自覚させる」「規律やきまりを守らせる」
などの行為も、部下がタテマエとしての役割やルールではなく、自分
の問題としての役割やルールという認識を持てるようにしない限り実
効はない。それは自分が属する職場チームにおける具体的な人間関係
の中で初めて育まれるものだろう。

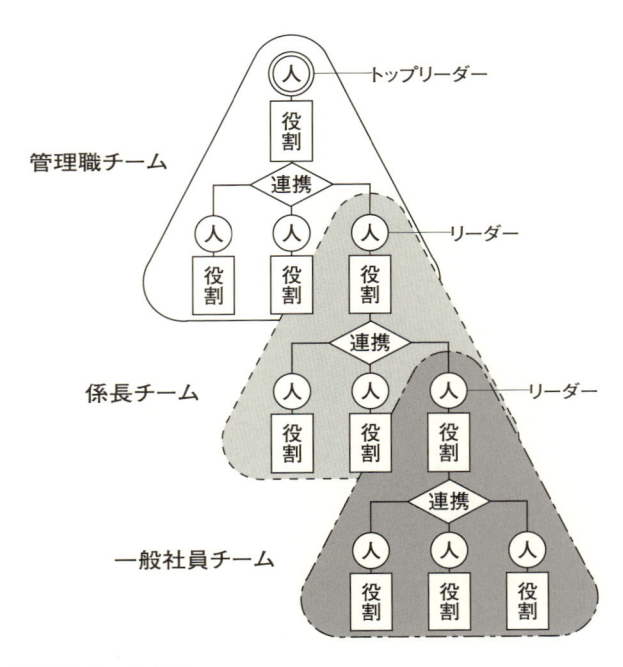

図6-2　職場のチーム構造

②チームワークを規定する要因

　職場チームはいわばミニ組織であり、役割を担った人間、メンバーの連携協力が不可欠である。この連携協力行動をチームワーク、あるいはチームプレイと呼んでいる。

　それでは、このチームワークを規定する要因にはどんなものがあるのだろうか。これには次の5つが考えられる。

---

　a．**社会的経済的環境**：組織全体の経営状態、トップの経営方針、従業員の労働・職場環境、環境問題や消費者対応の方針など

　b．**仕事の性質**：営業・製造・総務などの担当職務内容、仕事の流動性、自由裁量度、技術レベル、他者との連携度合、労度負荷度合など

　c．**機構**：チームの規模（人数）、職務分担、権限規定、仕事の手順、就業規則、考課制度、給与体系、教育制度など

　d．**個人の特性**：仕事に必要な知識、技能、体力、コミュニケーション力、意欲、性格など

　e．**風土**：チームメンバーの間に自然に形成される暗黙のルールや慣行、支配的な雰囲気など

　特にeの「風土」は、いわばcの「機構」とdの「個人の特性」を結び付け、連携・協力を円滑に行う潤滑油の働きをしているもので、職場チームのメンバーの意欲や態度、気持ち（情や意）を左右する力をもつ。これに逆らうことは、多くの場合、他のメンバーから白い目で見られ、足を引っ張られることになる。反対にそれに従っていれば仲間として受け入れられ、仕事もスムーズに運ぶ。

③職場チームの風土の構成要素

　この職場チームの「風土」について、さらにチームワークを発揮す

る上で欠かせない要素を取り出すと、次の3つがある。これらをスポーツのチームを例にして考えてみよう。

1）問題解決ステップの要素

職場チームは、何らかの目的を遂行することが前提になっている。スポーツでいえば相手チームに勝つことである。その過程では、仕事上の問題なり課題の解決ということが必然である。この問題解決の仕方が効果的であれば、経費的、時間的資源を浪費せずに済むし、その達成感はメンバーの次への意欲を高めるだろう。

この問題解決の仕方は、マニュアル的に定められている個人が担当する仕事の仕方とは異なり、各メンバーが、問題が発生するごとに臨機応変に発揮する応用動作である。例えば、担当者が決まっていない問題が生じたときや、メンバーの誰かが急病になって、その仕事に皆で取り組まざるを得ないようなときである。

2）意思決定への参加と納得の要素

職場チームによる問題解決で重要なのは、チームのメンバーが可能な限りその過程に参加していることである。この点、スポーツのチームは、全員がその場にいて状況を見て共有し、参加しているのだから、職場チームよりは有利である。問題解決の過程では、問題についての見方、関連する情報の読み方、得意とする解決方法などの点でメンバー間に違いが出てくるのは自然だが、その違いは往々にして感情的な対立や不満、不信などに発展し、協力態勢は崩れやすい。その不満や不信の大きな原因の1つは、何かを検討したり決定したりするときに、その場に参加させてもらえず意見も述べられないことである。当然、その決定内容には納得していない。

自分も関係のある事柄を上司が一方的に決めてしまった、自分には連絡がなかったが他のメンバーは知っていた、ある日突然「今日から、この件はこうすることになったのでよろしく」と言われても、感情的

には「はいそうですか」とはいかないのが普通だろう。

　このようなやり方、つまり「風土」がチームにはびこっていれば、メンバーはだんだんやる気を失い、

　「どうせ上が決めるんだから、考えるだけ損だ」

　「それなら、言われたことだけやっておけばいいや」

　「下手に手を出すと、責任がくるからな。まずはお手並み拝見」

という意識になる。この点はスポーツのチームでも同じだろう。

　こうなる原因の最大のものは、リーダー（監督）の意思決定に関する考え方が、

　「皆の意見を聞いていたらキリがないし、収拾がつかなくなる」

　「決定はリーダーがするもので、部下は言われたとおりにすればいいんだ」

といった、メンバーの人格や能力を信じないものだということである。まずリーダーが考え方を変えなければならない。チームのメンバーは、問題解決の重要な情報源であるし、「三人寄れば文殊の知恵」のことわざのように、複数の人が議論すると１＋１が３になったり４になる可能性もある。それは各メンバーがもつ情報や能力が相乗効果を発揮し、より創造的な発想が出る可能性があるからである。

　また、チームの業績向上は、もちろんリーダーに責任があるが、それは個人的に全てを負うのではなく、チーム全体としての責任を負うということである。したがって、メンバーにも応分の責任があるという考え方が必要である。それによってメンバーも単なる歯車ではなく、チームの重要な一部を構成するパートナーとしての意識をもち、成長することができる。

３）オープンなコミュニケーションの要素

　これまで述べた「問題解決ステップ」、「意思決定への参加と納得」の要素を基本的に支えるのが、この「オープンなコミュニケーション」

である。チームワークに必要なコミュニケーションのオープンさには2つの次元がある。

1つは量的な次元のオープンさで、問題解決に必要十分な情報が、職場チームにしろ、スポーツチームにしろ、関係者、できればメンバー全員にタイムリーに十分に行き渡っているかどうかが重要である。

「エッ、そんなこと聞いてないよ。どうして言ってくれなかったんだ」

「アレ、そうですか。当然Qさんから聞いてご存じだと思ってましたから」

こんな会話をよく聞くが、その原因は情報伝達のルールが、はっきり皆に認識されていないことにある。

このような事態を防ぐには、どの情報は誰に伝えるかを皆の了解の上で決めておくこと、行き先のわからない情報はリーダーが管理するルールにしておくこと、などである。最近は、コンピュータを使った組織内のLANシステムがかなり普及しているので、その「掲示板」を利用するとよい。

もう1つは、質的な次元のオープンさである。ここで「質」というのは、心の内面の働きである「知」の領域での正確さ（誤りでない、あやふやでない）というだけでなく、「情」と「意」も含めたいわばホンネのコミュニケーションが、職場チームの全員の間で普通に交換されているかどうかである。リーダーも含めメンバー間で互いに自分の伝えたいことを「知」だけでなく「情」「意」を含めてきちんと受け止めてもらえると、職場チームに気心が知れた安心感に基づく信頼の「風土」が培われる。この質的にオープンなコミュニケーション「風土」を培う方法の1つは、互いの公私を含めた多面的な「顔」を知ることである。職場だけの顔でなく、遊びのときの顔、父親の顔、母親の顔、夫の顔、妻の顔、人間は場面場面で「顔」が違う。

また、「Rさんはいつまでたっても夢見る青年だな。正論だとは思

うが、現実は甘くないからな」

「そういう言い方をされるとバカにされたようで腹が立つんですよ」

「そうか、そういうつもりじゃなかったんだ。むしろうらやましい気持ちかな。オレは現実主義すぎるかも。気にさわったら謝る」

「いや、私もRさんには負けたくない気持ちが強くて、つい反論したくなるもので。でもこの案件に関しては完全に脱帽です」

といった具合に、意識的に言いにくい自分の本心、ホンネを、冷静にそして自然に表現し合うことも有効である。

このように互いに「自己開示」することで、人間的な関係ができる。現在ではすたれつつある職場のレクリエーションや飲み会は、そういう効用があった。スポーツのチームではキャンプ（合宿）が、ある意味でそういう場になっている。

④職場のチームづくりの方法

それでは、これら3つの風土的な要素を備えた職場チームをつくるにはどうすればよいのだろう。これまで述べてきた望ましい風土の要素は、いずれも知識のレベルに過ぎない。いくらクロールの泳ぎ方の理論を勉強しても、泳げるようにはならないのと同じである。また、いくらリーダーが「チームワークをとれ」、「協力しろ」と言っても、「はい。そうします」といってそうなるものでもない。メンバー1人ひとりがその気になり、行動するようになるには、個人個人が勉強すればよいのではなく、チームとしてのトレーニングが必要である。

スポーツのチームは、そのために個人のトレーニングとチームプレイの練習を、ときには合宿までして繰り返し繰り返しやっている。ところが仕事の場である職場では、チームワークの練習を意図的にやっているところはほとんどない。

著者が考える職場のチームワークづくりの練習の手順は次の通りである。

1）リーダー（上司）が問題意識をもつ

まず、肝心なのはリーダーが自分のチームについて、「このままではいけない、何とかしなければ」という問題意識をもつことである。そのきっかけは様々だろう。「部下がものを言わなくなった」、「何を考えているのかわからない」、「あちこちに派閥ができているようだ」、「どうも部下が受け身的になってチャレンジしようとしなくなった」、「仲はいいのだが、低め安定の雰囲気だ」など、職場チームの風土を気にすることが大事である。

2）メンバーをその気にさせる

次に、メンバー自身にも問題意識をもってもらう必要がある。そのためには、職場チームの風土を皆がどう思っているかを調べることが有効である。表6－3はそのためのチェックリスト方式のアンケートだが、これを全メンバーに配り、最初は無記名で回答させる。そしてそれを集計し、結果をメンバーに返す。特に最後の自由に書いてもらった意見の中には、具体的な問題点が記されていることが多い。そしてこの結果をミーティングの場などで話題にすることができる。

3）チームづくりの場の設定

アンケートの結果公表によってメンバーの関心が高まったら、関心の高そうなメンバー数人を幹事にして、トレーニングの場を設定させる。

この場は日常の会議と違って、ゆっくり思いの丈を話し、聴き合う場なので、職場から少し離れた会議室などに設営する（可能なら、年1回くらいは近くの温泉などで1泊するのもよい）。また、このトレーニングは、業務研修として勤務扱いにすることが望ましい。

回数は、職場の事情によるが、月1回程度が望ましい。開催の間隔が空くと、記憶や意欲が薄れてしまう。

日取りは、できるだけ全メンバーが参加できるようにすることが望

表 6-3　職場風土診断のチェックリスト

職場風土の診断

　　私たちの日ごろの意識や行動は、所属する組織や職場などの暗黙のルール（風土）の影響を無意識のうちに受けています。それらは、日常生活の潤滑油であるとともに、新たな発想やスムーズな問題の解決を阻害するもとにもなっていますから、ときどき点検が必要です。
以下の項目は、それらの風土を点検し、望ましくないものを診断するためのものです。
　　各項目を読み、その内容が、あなたの最も身近な職場にどの程度当てはまるか右端の数字でお答えください。数字の意味は次のとおりです。
　　　　　1－全く当てはまらない　2－あまり当てはまらない
　　　　　3－何ともいえない　　　　4－かなり当てはまる
　　　　　5－かなり当てはまる
　　なお、回答は匿名ですので、忌憚のないところを率直にお答えください。結果は、統計的に処理いたしますので、個人の回答傾向がそのまま公になることはありません。

1　仕事は計画通り進められ、関係者に迷惑を掛けることはない　　　　　　　　　　　　　　　　　1－2－3－4－5

2　仕事のやり方はマンネリ化しておらず、常に改善されている　　　　　　　　　　　　　　　　　1－2－3－4－5

3　仕事の能率はよく、無駄が少ない　　　　　　　1－2－3－4－5

4　自分たちの仕事は会社や社員のためになっているということが、公式的にもはっきりしている　　1－2－3－4－5

5　職場の目標や方針ははっきりしており、皆もわかっている　　　　　　　　　　　　　　　　　　1－2－3－4－5

6　重要な情報は、もれなく正確に伝わっている　1－2－3－4－5

7　他の職場からの注文や要望には迅速に対応している　　　　　　　　　　　　　　　　　　　　　1－2－3－4－5

8　職場や所属機関の業績目標の達成に対する関心は高い　　　　　　　　　　　　　　　　　　　　1－2－3－4－5

9　仕事の上で必要な情報をどこ（誰）から得たらよいかは明確であり、戸惑うことはない　　　　　1－2－3－4－5

10　職場の目標や方針は、関係者全員が何らかのかたちで参加して立てられている　　　　　　　　1－2－3－4－5

11　職場内で関連する仕事をしている人同士の調整はうまくいっている　　　　　　　　　　　　　1－2－3－4－5

12　意見の対立が生じたときは、双方が納得するかたちで処理されている　　　　　　　　　　　　1－2－3－4－5

13　仕事の担当ははっきりしており、トラブルごとはない　　　　　　　　　　　　　　　　　　　1－2－3－4－5

14　指示伝達や報告のルールははっきりしている　1－2－3－4－5

15	仕事の質や量から考えて、要員数は適切だ	1－2－3－4－5
16	職場の問題の解決には、関係者の意見が十分反映されている	1－2－3－4－5
17	責任や権限は明確で、どこまでやってよいか戸惑うことはない	1－2－3－4－5
18	担当者がいないときは、他の人が対応する体制がとれている	1－2－3－4－5
19	計画の実施行程の管理はきちんとなされている	1－2－3－4－5
20	担当変更、異動などでしっくりしないことはない	1－2－3－4－5
21	新しいアイデアの実現に上位者は積極的だ	1－2－3－4－5
22	仕事の将来や処遇に不安を感じている人は少ない	1－2－3－4－5
23	仕事にやりがいを感じていない人は少ない	1－2－3－4－5
24	仕事の評価に不満をもっている人は少ない	1－2－3－4－5
25	仕事に追いまくられて余裕がないと思っている人は少ない	1－2－3－4－5
26	職場の人たちの仕事を処理する能力は十分だ	1－2－3－4－5
27	意見を言うだけでなく、積極的に行動する人が多い	1－2－3－4－5
28	仕事に必要な知識や技能を積極的に伸ばそうという気風がある	1－2－3－4－5
29	日常的に意見を率直に述べ合い、聴き合う雰囲気がある	1－2－3－4－5
30	会議や打ち合わせでは、意見や提案、質問が活発に出る	1－2－3－4－5
31	職場内では良いことも悪いことも、きちんと伝える雰囲気がある	1－2－3－4－5
32	決まりごとは少なく、自由な雰囲気がある	1－2－3－4－5
33	上下のコミュニケーションは緊密だ	1－2－3－4－5
34	仕事上の縄張り意識はなく、担当の対立もない	1－2－3－4－5
35	職場にまとまりがある	1－2－3－4－5
36	職場の人たちの間では気持ちが通じ合っている	1－2－3－4－5
37	職場の人たちの間には困ったときに助け合う雰囲気がある	1－2－3－4－5
38	職場の中には責任逃れ、責任転嫁の風潮はない	1－2－3－4－5
39	職場の外の機関などに対して閉鎖的なことはない	1－2－3－4－5
40	以上のような職場の風土に関して、特に問題を感じることがありましたら、ご自由にお書きください。	

ましいが、どうしても無理な場合は2班に分けて、全員が出られるように配慮する。その際、リーダーと幹事は両方に出席する。

　1回当たりの時間は、午後の半日4時間は必要だろう。短かすぎると（人数にもよるが）一言も話さないで終わってしまう人が出てくる。

4）トレーニングの内容と方法

　この場では何をするのか。初回はまず、メンバー同士がより深く知り合うためのチームワーク・ゲーム（高橋浩、1994）などを行うとよい。また、アンケートの結果についてのフリートーキングを必ず行い、その中から直面するチームの問題点を絞り込み、その原因と対応策を考え、実行する。そして対応策の結果が出る何カ月か後のトレーニングの場で、その結果をチェックする。その際、事前に同じアンケートを再び実施し、その結果を前回と比較してみると、その間の変化がたどれる。

　このトレーニングのポイントは、フリートーキングにある。この場でメンバー全員が、職場の上下関係やヨコの同僚関係にとらわれずに、どこまで自分の思うところ（ホンネ）を自由に言えるかが大事で、問題の解決そのものはある意味で二次的でよい。

　言いにくい不満や疑問は、いわば磨かざる宝石であり、改善への原石である。それらをすり合わせることによって、それまで気付かなかったことに気付いたり、自分を客観的にみたり、相手を違う角度から理解するという作用が起こる。なかなかホンネが言えないのは、上司や同僚の目が気になるからだろう。

　「下手なことを言うと、人事考課にはね返るのではないか」

　「こんなことを言ったら、バカにされたり、怒られるのではないか」

　「ホントのことを言ったら、困る人が出てくるかもしれない」

など、いろいろ思い悩むのが人情である。

　ホンネを言いやすくするには、まず、肩書抜きで対等の立場からも

のを言う場だということを宣言すること、リーダーなり上位職の者が弱音を含めたホンネを率先して吐露することだろう。また、議論の中での発言は、「それはおかしい。無理だよ」と否定するのではなく、「それは、こうすればもっといいかもしれない」と（ちょうどブレイン・ストーミングの要領で）できるだけ活かす方向にもっていくこと、そして最も重要なことは、皆がまずは「聴く耳」を最優先し、前述の③の「オープンなコミュニケーション」を心掛けることである。

これらも「言うは易く行うは難し」で、利害が反することの多い同じチームのメンバー同士では、意地や面子が入り込みやすく、その対立解消は当事者だけでは難しい。そこでメンバーの誰かを「ファシリテーター（促進者）」として指定し、その人は常に中立でいることを宣言することも必要になる。このファシリテーターは、第4章の②の聴き方の技能を使って、メンバーの言わんとすることを繰り返したり、要約して確認する、抽象的な言い回しを具体的に言ってもらう、事実なのか意見なのかをはっきりさせるなどの「通訳」的な役割を果たす。また、メンバーの発言に偏りがないように、多めの人（管理職）に控えてもらい、少なめの人に発言を促す、話が本題から脱線したら元に戻す、できるだけ問題解決ステップをたどるように途中で介入するなどの「交通整理員」的な役割も果たす。これには、リーダーシップのところでみた、アメリカの心理学者ノーランの「リーダーのコミュニケーション技法」が応用できる。

5）トレーニングの繰り返し

このようなオープンで参加的な議論は、最初のころはモタモタと時間が掛かったり、ホンネが出なかったりするが、何回かこのような場を経験すれば、徐々に活発になり要領もよくなっていく。メンバーは周りをみながら、ホンネを言っても大丈夫そうかどうかを考えており、リーダー以外の誰かが突破口を開けば、それに続く人が出てくる。

　もちろんチームワークは一朝一夕には出来上がらない。それどころかちょっと油断すれば、仲良しクラブになるか、元の木阿弥になる。また、メンバーが変われば、「気心が知れた」関係は部分的につくり直しになる。スポーツチーム同様、繰り返しのトレーニングが必要である。したがって、このような場は不定期でよいので継続することが大事なのである。

　以上の手順を流れで表すと、図6－3のようになる。

⑤**チームづくりの応用：オフサイト・ミーティング**

　第1章②で述べたように、1990年代前半のバブル崩壊以降、日本の企業社会では効率至上主義がはびこり、人間関係の希薄化が進行し、メンタルヘルス上の問題も多発している。その職場レベルでの対応策の1つとして注目されているのが、「オフサイト・ミーティング」である。

　「オフサイト」とは英語の off-site であり「現場を離れて」といった意味だが、課題解決や合意形成、連絡など目的の明確な定例的な会議や打ち合わせとは別に、随時あるいは定期的に勤務時間内に開催されるフリートーキングの場である。話題は、職場について日ごろ気になっていること、会議では言えなかったホンネ、自分の家族の事情な

活動内容	方法・技法

A　キックオフ
a.　リーダーの決意
b.　メンバーの同意
c.　幹事・ファシリテーターの選定
　　（場所・時間・研修会の間隔の検討）

問題発掘のためのアンケート実施

B　職場チーム内の問題発掘

C　第1回のチームづくり研修会
a.　取り組むべき問題（課題）の選定
b.　問題状況の明確化と共有
c.　問題の関係要因、発生原因の
　　関係の分析と明確化
d.　対応策の創造と実行計画の策定
　　（スケジュールや担当者）

雰囲気づくりのためのチームワーク・ゲームの実施

ブレインストーミングやKJ法

肩書き抜きのフリートーキング

D　対応策の実施

E　第2回のチームづくり研修会
a.　対応策の実施結果（又は経過）の検討

肩書き抜きのフリートーキング

（所期の結果が得られたら）　　　（所期の結果が得られなかったら）
b.　次の問題（課題）を選定し、　　c.　派生した問題点の要因・原因を
　　Cと同様のサイクルを行う　　　　　分析し、新たな対応策を策定

F　第3回のチームづくり研修会
　　（C又はEと同様のサイクルを行う）

問題発掘のためのアンケート実施

G　職場チーム内の問題発掘
　　（半年後（又は1年後）に
　　同じアンケートを実施し、前回の結果と比較）

可能な限り定期的に開催する⇒"継続は力なり"

図6-3　チームづくりトレーニングの流れ

ど、公私取り混ぜてざっくばらんに言い合い、聴き合う場である。

　メンバーは、課単位で管理職を含めた全員が、肩書きを外して語り合う。それによって日ごろ不足気味なメンバー相互の人間的理解を促進し、タコツボ化しがちな関係を壊して人間的な結び付きを強め、間接的に仕事の連携、チームワークを強めることが目的である。オフサイト・ミーティングは、名称は異なるが、その目的や方法は、まさにチームづくりのトレーニングや研修と同じである。

② 様々な相談機関で

　ここでは、相談を専門とする機関ではなく、多くの人が情報収集や生活上の課題で相談に訪れる公的な機関での相談を取り上げる。

　インターネットが普及すると、対面で相談を求める人は減少するだろうと予測されていた。確かに、メール相談の流行でもわかるように、直接対面ではないが、双方向性のサイトを利用して相談する人が増えている。また、様々な公的機関の情報提供も、紙媒体や直接窓口での説明からインターネットに移行している。

　このようにインターネットを用いた相談や情報提供が盛況になっているが、それが対面場面での相談を減少させているわけではない。むしろ相談機関の種類は多様化しているし、対面での情報提供は、単に情報提供に終わらず、相談のきっかけとなっている場合が増加してきている。もちろん、相談機関を利用する人も多様化し、相談の内容も複雑化している。

　コミュニケーション力を活かす重要な場面として公的機関に焦点を当てる理由は、そのような公的機関は全ての人に開かれた機関であること、そして、相談を担当する人々は、その機関の職員なので情報内容については精通しているが、一般的には相談の専門家として訓練されているわけではないからである。一方、利用する人は、必ずしも機関の目的を明確に理解しているわけではなく、またわかっていても、自分が必要とする事柄を明確に表現できるわけでもないため、職員がその職務を果たすためには基本的にコミュニケーション力が不可欠なのである。

（1）公的機関で働く人々が直面する困難

　ここでいう公的機関とは、広く市民にサービスすることを目的としている機関のことである。例えば地方自治体の様々な役所、税務署、警察署、ハローワーク、労働基準監督署、保健所、各種福祉機関、学校などの教育機関、各種医療機関、裁判所のような機関である。その中には公立のものも私立の機関もあり、住民が日常的に利用する機関もあれば一生の間にほとんど縁のない機関など、利用度においても様々である。

　また公的機関とはいっても、それぞれの機関に対する住民側の受け止め方は様々である。利用したくないけれど利用しなければ生活上不便をきたすために利用せざるを得ない機関、利用するのが当たり前で利用するのに何の抵抗も感じない機関、できることなら利用しないで済ませたいと感じる機関などである。

　一方、公的機関で働く職員は、「全ての住民に平等に、分け隔てなく役割を果たす」をモットーに、平等・公平だということと、間違いなく職務の遂行を最優先することを行動の規範としている。公的機関で働く人々には、その職務ゆえの特別の権利や権限が与えられているので、このような行動規範が重視されるのは当然のことである。

　その背景には、世の中一般が人間を外面的な個人属性（学歴とか社会的地位、年齢や性別など）で評価したり先入観をつくり上げ、差別的な待遇をするという自分の不平等さに対して鈍感になっていたり、そうした差別が組織や特定個人の利益のために是認されているという現実があるからだろう。しかし公的機関は公衆の利益のために存在するのだから、その機関の提供するサービスが特定の組織や一部の個人の利益のためだけに寄与してはならない。

　そこで、職員は私情をはさんだり、個人的な利害でサービスの内容を変えてはならないことに神経を使う結果となる。しかし現実には、

来所者に不平等感を与えていることも少なくない。また平等な待遇に感謝し評価するよりも、不親切感、さらには不信感を募らせる来所者がかなりあるのはなぜだろうか。

　例えば、「『お役に立ちたい』と言うから、私の家の事情を話し出しても、『そういう個人的な事情は結構です』と言って聞こうとしない。やっぱり学歴がないから馬鹿にされたのかしら。学がある人とはよく話しているのに……。口先だけの親切ばかりで信用できない」という声がある。

　もちろん逆に、職員の親切な応対に感謝する来所者の言葉もある。

　「正直に話してみるものだ。私の望みどおりにはならなかったけれど、あの職員の言うことはよくわかった。私にわかるように話してくれて納得できた」

　こういう言葉を聞くと、職員がこの来所者を特別扱いしたようにもとれるし、不平等な態度をとったのではないかと疑われないとも限ら

ない。職員と来所者の間に、なぜこのような感情の食い違いが起こるのだろうか。

①「全ての人に平等に」の思い違い

第一の原因は職員の側にあると思われる。それは職員が「平等」とか「公平」を非常に表面的にしか理解しておらず、その背景にある人間観や価値観を把握していないことに起因する。しかし、「誰にでも同じ内容を同じ話し方で伝え、誰にでも同じ問い掛け方」をしても、必ずしも平等に接したことにならないのはなぜだろう。

公的機関において平等・公平が重視される背景には、全ての人間は「人間として同等だ」という人間観がある。公的機関において平等で公平な待遇とは、来所者が職員を通して、皆同じ質の情報や恩恵、支援が得られるということである。受け手である来所者が「平等、公平な扱いを受けた」とか「平等で公平なサービスを受けられた」と感じられることである。

そのためには、情報やサービスの送り手である職員は、来所者1人ひとりの属性や個性、さらにはそのときの状態に合わせられることが必要である。したがって、サービスを提供している過程で、職員と来所者の間で行われるコミュニケーションの内容（話し方、聴き方、説明の仕方、助言の量など）は来所者によって異なるはずである。

どんなに重要で正確な情報であっても、カタカナ語の羅列だったら、若者には通じても、高齢の来所者には理解できず情報は伝わらないだろう。「不親切な取り扱いを受けた」、「年寄りを軽視した。若者ばかりを優先して」という印象を与えてしまうことになる。

②「誰にでもオープンな機関」であることの難しさ

公的機関の職員に、特にコミュニケーション力が求められるもう1つの要因は、公的機関が基本的に誰にでもオープンだということだろう。公的機関はそれぞれが特定の目的をもって設立され、その目的に

合った人ならば誰でも利用できる。中には無料でサービスが受けられる機関も多い。ということは、住民の中には機関の設立目的とは異なる目的で、その機関に来所する人もいるということである。つまり、その多くは機関の目的を理解していないということである。

　一方、そこに働く職員は、役割については十分に理解している。しかし、縦割り行政の結果、「役割以上のことはしない。できない」。その結果、職員の役割意識と来所者の期待との間に、溝ができやすい。

③機関側の親切心があだに

　例えば、ハローワークでは来所者の多様化に対応するため、きめ細かなサービスを行えるよう窓口を細分化・特定化してきた。１人の職員が来所者の全ての課題や要望に対応するのではなく、担当別の窓口を用意し、それぞれに必要な知識を備えた職員を配置、来所者は必要な窓口を訪問する形である。来所した人が最初に目にする所に「総合受付」とか「総合案内」を設け、自分の行くべき窓口を探しやすいようにしている。

　この体制は一見非常に親切にみえるが、来所者の立場に立ってみるとかなり不親切である。なぜなら「自分の問題を解決するには何が必要か」がわかっている来所者には便利だが、自分で適切な窓口を選べる人は決して多くない。多くの人は、その機関に行けば援助してもらえると思って来所するのに、最初に「何が必要か」というかなり突っ込んだ質問をされることになるからである。

　「受付で行くように言われた窓口に行ったのに、『ここではない。隣の窓口だ』と言われて、また並び直さなければならなかった」など、細分化の不便さに怒る声が多く、それが不親切感、不平等感となってしまう。

　機能の細分化は、サービスの向上のために重要である。そのためには総合受付の職員がベテランで、ハローワークの仕事についてかなり

詳しい知識をもっていなければならない。その上で多様な来所者と話をして、来所目的や状態をある程度把握し、的確に窓口に案内できるだけのコミュニケーション力が不可欠である。

　また、機能が細分化すればするほど、サービスの向上には機能間（窓口間）の連携、職員間の意思と情報の疎通が重要になる。ここでもコミュニケーション力が問われるわけである。

④ステレオタイプ化された公的機関のイメージ

　公的機関に働く人たちが直面する困難のもう1つの原因は、世間には「公的機関全般」に対する否定的なステレオタイプ的イメージがかなり定着していることである。ステレオタイプとは、「ある社会において多くの成員が共通に受け入れている、単純・誇張された固定的イメージや概念」（カウンセリング辞典）のことである。公的機関といっても、実際自分が訪問する機関や施設、またそこで働く人たちが実際に他の民間の機関と異なるかどうかはわからないにもかかわらず、「公的機関とか公務員」には次のようなイメージが出来上がっている。

　「できるだけ楽をしようとしているから、親切を期待できない」

　「厳しい取り締まりばかりするので、聴かれたこと以外は話してはいけないし、弱みは見せないほうがいい」

　「民間と比べたら、とにかく公的機関は融通がきかない」

　そのため、ちょっとした質問も詰問ととられてしまったり、正確な情報を提供したがらないため、結果的に役に立つサービスができないということが起こる。

　公的機関に働く職員は、住民が公的機関に対してかなり否定的であり、警戒心をもって来所する可能性が高いことを認識する必要があるだろう。もちろん、こうした先入観は取り除くことができる。そのためには、日々来所者と直接接する職員1人ひとりにあることに気付き、来所者1人ひとりの対応において話しやすい環境をつくり、必要な

サービスを積極的に提供する努力をすれば、肯定的イメージがつくられるであろう。その鍵はコミュニケーション力にあるといえる。

（2）公的機関の目的の達成とコミュニケーション力

　公的機関で働く人たちにとって、来所する人とのコミュニケーションは、その任務を遂行するために不可欠な行為である。前述した評判の悪さを払しょくするために、公的機関では接客マナーの訓練や傾聴訓練などの研修も盛んに行われるようになった。しかし「平等・公平で、分け隔てなく役割を果たす」ために最も重要な訓練は「コミュニケーション力の向上」である。なぜなら公的機関は、接客が目的ではなく、各機関が果たすべき住民へのサービスを効果的に、1人ひとりの住民に役立つように提供するために、対面という手段を用いているからである。

（3）利用者とのコミュニケーションの鍵

　既に述べたように公的機関で働く人たちは、来所者とのコミュニケーションにおいて、前提として、次のような基本的姿勢をもって来所者に接することを心掛ける必要がある。

　第1の基本姿勢とは、「人は1人ひとり皆、異なる」という認識をもち、「目の前にいる来所者に注意を集中すること」を心掛けることである。来所者のもつ先入観など一般的な傾向に過ぎない。実際に来所する人は、その来所の理由も、状態も、個人的特徴、機関に対するイメージや先入観、考え方や感じ方も1人ひとり皆、異なるのである。

　第2の基本姿勢は、自分がもっている「来所者に対する先入観や、自分の「話し方のクセ」を認識するように努力することである。

　一般の人が公的機関に対して先入観やイメージをもつのと同様に、職員自身も来所者に対して、先入観やイメージをもっているだろう。

これは、経験の積み重ねでできたものだが、それが全ての来所者に当てはまるとは限らない。

第3の基本的姿勢は、「公的機関は単なる社交の場でも苦情処理の場でもない。伝えるべき情報、下すべき判断と決定、与えるべき指導などがある。したがって、来所者に対する職員の接し方は全て、そのような目的を達成する形でなされなければならない」ことを重視する。

目的を果たすためには、人間関係をつくらなければならない。来所者の状態に関心をもち、相手が言おうとしていることを聞くように心掛け、コミュニケーションの基本である「効果的な聴き方」と「効果的な話し方」ができていれば、来所者1人ひとりを意識し、相手が答えやすいように質問することができる。相手が安心して受け入れられるように助言や忠告、指示などを与えたり、指導をすることもできるはずである。

①来所者を侮辱したり差別したりするような態度や言葉、表現は絶対に使わない

来所者が職員を軽蔑するようなことを言うことはあるかもしれないが、不安や馬鹿にされたくない思いの裏返しの場合であることが多いので、職員は忍耐をもって親切に対応しなければならない。よく若い職員を軽蔑する来所者がいる。その場合、職員は来所者を年長者として認め、丁重な受け答えをする必要がある。来所者を尊重するそうした態度が来所者の態度を変化させることにつながるのである。しかし適切に対応しても、来所者の態度が変わらない場合には、「経験の少ない私では頼りないでしょうか。でしたら他の職員に変わりましょうか」と言って、交代したほうがよいかもしれない。

②来所者を防衛的にさせる表現や言葉は避ける。面接の初めの段階では特に注意する

来所者は「何を聞かれるのか」不安になっているので、来所者が答

えにくい質問は後に回したほうがよい。どうしても質問する場合には、その目的を話したほうが安心してもらえる。例えば、「皆さんにうかがうことになっているので、おうかがいしますが……」とか、「なるべくご希望に沿う事業所を紹介したいので、いくつか個人的なことをおうかがいします」などである。

③抽象的な表現や専門用語を使うことは極力避け、具体的でわかりやすい表現方法や言葉づかいをする

職員の間では専門用語を日常的に使っていても、来所者にとっては初めて耳にすることが多い。知っていても、意味を正確に理解しているとは限らず、またわからないからといって、その説明を求めるほど勇気のある人も少ない。専門用語を使わなければならないときは、来所者の反応を確かめながら丁寧に説明することが不可欠である。

④自分の指導や伝えるべき情報が、正確に伝達されているかどうかを確認しながら話す

まず、情報や指示を与えるときは、来所者の様子をみながら短く切って話すことが望ましい。また伝達し終わったら、「わからないところがありましたら、お聞きください。どうですか」などと質問しやすい状況をつくり出すことで、理解の程度を確認するとよい。簡単に「わかりましたか」という言葉で確認すると、大部分の人は不明な部分があっても「はい。わかりました」と言いがちである。わかりにくそうな個所を取り上げて「……のところはいかがですか」と問い掛けるのもよい。

⑤特に最初のころ質問するときは、来所者が自分の言葉で説明する必要があるような質問の仕方をする

「はい」とか「いいえ」で終わるような質問は避ける。来所者の言葉で話してもらうように質問すると、来所者のことがわかりやすくなる。公的機関への来所者は、職員の質問に答えるつもりで来る場合が

多い。最初のころは職員が質問することで、来所者が話しやすくなるようにしたほうがよいだろう。

⑥来所者の「沈黙」（黙ってしまう時間）に敏感になる

　「沈黙」とは職員が質問した後、来所者が黙ってしまったり、話の途中で黙り込む場合のことである。その時間は数秒から１分以内と短いが、いろいろなことを意味している。例えば、職員の質問の後の沈黙は、質問の意味がわからない、答えに詰まる、質問をきっかけにして考え込むなどが考えられる。職員への抵抗、失望感などを意味する場合もある。話の途中の場合は、話しながら何かを思い出したり、説明ができなかったり、話すことに抵抗を感じるなどのシグナルである。話が一段落した後の沈黙は、次の話や質問を待っている、職員の話をかみしめている状態などが考えられる。

　それぞれの沈黙が何を意味しているかは、話の流れや前後の関係、来所者の非言語的表現や態度などから想像することになる。わからなければ「何かありましたか」とか、「私の質問がわかりにくかったですか」と聞いてもいいだろう。明らかに反抗心や失望感から黙ったような場合には少し待ってみるか、「私の説明では答えにならなかったでしょうか」などと、来所者が安心して話し続けられるように尋ねてみるとよい。

⑦窓口での応対の終わりには、来所者の来所目的の満足度を確認する

　窓口での話がたとえ５分ほどの短時間で終わっても、また目的が達成されなかった場合でも、終了時には来所者の満足度を確認することが大切である。そのためには、「今日話し合ったことは……などでしたが、いかがですか」と話し合ったことを「要約」して来所者に伝えて理解度を確認する。あるいは「来所の目的は完全に達成できませんでしたが、……のことについてははっきりしたと思いますが」など、目標へのステップを明確に示して、来所者の意思の確認をする機会を

設ける必要がある。

　ここでは、多くの公的機関に働く職員に応用していただけるように、抽象的な例しか挙げなかったが、各機関、各職場の特別な状況に当てはめて活用していただきたい。

（4）特別の支援を必要とする人とのコミュニケーション

　対応の困難な来所者の中には、それぞれの公的機関の機能や役割、専門的能力を超えるような「特別の援助を必要とするような」課題をもつ人も少なくない。

　このような人の場合、職員は、来所者がある程度信頼してくれるまでコミュニケーションをとることが必要である。その過程で来所者の状況を把握し、自分のところで対応できるかどうかを判断する。その上で、他の専門機関に紹介したほうがいいと判断したら、来所者の情緒的状態を考え、対話の中で適切なときを選んで、他の機関を紹介したい理由と紹介する機関名、機関の内容などを丁寧に説明し、来所者の意志を尋ねる。この場合、来所者に差別感、拒絶感、たらい回しにされたという感じを与えないよう注意しなければならない。

　そのためには職員が、来所者の目の前で紹介する機関に電話をして来所者を紹介、来所者が安心して行けるように配慮する方法も役立つ。その上で、「○○の機関に行った後で、またこちらに話においでくださっても構いません」と、拒絶したわけではないことを言葉で表現する必要がある。

　著者は、公的機関が連携し合うことの意義を体験したことがあるので紹介したい。70歳で1人暮らしの高齢女性が就職を希望して高齢者就業相談所に来所した。その人は親戚の家に間借りしていて、年間50万円ほどの国民年金が唯一の収入だった。そのため、どうしても

働かなければならない。しかし、週２回の病院通いで体力的にかなり弱っていて働ける状態にはみえない。

「失礼ですが、お身体が大変そうですが、お食事はどうしていらっしゃいますか」と職員が尋ねると、「年寄りだからあまり食べたくない」と、生活を切り詰めている様子がうかがえる。そこで、「働けるようになるまで、生活保護を受けてみる気はないですか」と聞くと、「自分の地区の福祉事務所は不親切だから行きたくない。ここのほうがいい」とのこと。その日は紹介できる求人がなかったので、「あきらめずに続けて来所してください」と勧めて帰ってもらった。

その直後、職員は来所者の住む地区の福祉事務所に電話を入れて、１人暮らしの病気の高齢者への援助について一般的な情報を得た。同時に、その高齢女性の話をして、「本人が行く気になったらよろしくお願いする」と伝えた。

その女性が来所したのは３週間後だった。やはり神経痛がひどくて外出できなかったと言う。職員はその姿を見て、就職はほとんど無理な状態だと判断した。さらに福祉事務所へは行ったことがあること、福祉施設への不信感があることなどを思い出した。

「神経痛がひどかったそうですが、病院には行ったのですか」

「はい。１回だけ。後は１人で寝ていました」

「やはり、お身体を治してから就職をお考えになったほうがいいのではないですか」

「そうですね……。でも１人なので頼れる者もなく」と小声で話す。

職員はこの女性は経済的な不安があると察した。そこで福祉事務所から得た情報を思い出し、生活保護も１つの道だが、それよりは施設入所へのステップを考えたほうがいいかもしれないと考えた。

「例えば、近くの施設にショートステイできることはご存知ですか」

「いいえ。それは何ですか」と女性は聞き返した。

「1週間ほど近くの高齢者用の施設に宿泊して療養できるという支援なのです。費用はほとんど掛からないと思います。もし関心がおありでしたら、あなたの地区の事務所に問い合わせてみましょうか。その結果、嫌なら行く必要はありませんよ。聞くだけでもいいでしょう」と、表情をうかがいながらゆっくり話す。

　「あなたが聞いてくださるなら、お願いします」と女性。

　そこで職員は、女性の目の前で電話をして「今こちらに、そちらの地区に1人でお住まいの女性が就職を希望していらしています。70歳代の方ですが、神経痛で食事をつくるのも苦しいご様子なのです。身体がよくなったらパートの仕事を紹介できると思うのですが」と説明した。

　福祉事務所とは以前に連絡が取れているので、「医者に掛かっていることもあり、順番を待ってショートステイができます。本人が事務所に連絡を取るように」と回答してくれた。電話をそのままつないでおいて、その内容を来所者に伝えた。

　「あの事務所は大丈夫ですか」と、まだ不安げである。

　「もっとこちらから、あなたのことを紹介しておきますし、よろしければ、今、あなたの名前も言っておきますから大丈夫だと思いますよ。何かあったら、またこちらに来てください」

　「では行ってみます。お願いします」と女性は言う。電話がつながったままの福祉事務所に伝えた。

　「ご本人はそちらにうかがってみたいということです。お名前は○○さんです。うまく説明できるかどうか心配していらっしゃいますので、よろしくお願いします」と言って電話を切った。女性は少し安心したようである。

　「これから行ってみます」

　「そのほうがいいですね。結果を知らせてください。電話でもいい

ですから」と言って別れた。

　その結果、女性はショートステイの間に施設の医者の診察を受け、1人住まいは困難だと福祉事務所にもわかった。本人もショートステイを通して同年齢の人たちとの触れ合いが楽しかったようである。福祉施設への偏見も消えて、かなり融け込んだという報告を福祉事務所から受けた。

　そして2カ月ぐらいたった後に、本人から電話があった。明るい声で「老人ホームに入居することを決めたので、就職は取りやめる」という報告だった。求職者が相談所に来所してから、4カ月足らずの間に起きた変化である。

　この経験を通して、高齢者就業相談所の職員は、あらためて自分たちの役目とコミュニケーションの大切さを痛感した。この女性の場合も、基本的には「ここは安心できる」という職員への信頼が土台にあったからこそ成功したことは確かである。さらに本人の目の前で電話をしたこと、電話中でも「女性の方」「1人でお住まい」といった言葉づかいをして相手を大切にしたこと、来所者の目の前で来所者が聞いて安心できるように紹介するなどの配慮は、他の機関に紹介するときの原則である。

　目の前で自分を紹介される状況を知ることで、来所者は職員に対してはもちろん、紹介された先の機関への信頼を高め、積極的に訪問する意欲をもてるようになる。「望まないのに行かされた」とか「たらい回しにされた」という思いとは反対に、来所者が「自分が行くことを決めた」という感じがもて、自分の主体性を重んじられたことを実感できるのである。

（5）他の機関とのコミュニケーション

　前項の高齢女性への支援が成功した事例が教えてくれたことは、職

員の来所者に対する思慮深い配慮とコミュニケーションのほか、日ごろから職員やその機関が他の機関とコミュニケーションをもっていたことが成功の鍵となったことだった。

　公的機関同士のコミュニケーションは相互の機能を高め、住民の信頼も得られ、限られた時間内で多くのサービスを提供するために不可欠なものである。

　世の中が複雑になればなるほど、1つの機関、1人の職員や専門家でできることは限られてくるので、それぞれの専門をもつ機関や人が協力し合うことが重要になる。これからの有能な職員とは、自分で全てを処理できる人のことではなく、多くの人材や情報源とのネットワークが組める人のことである。多様な人とコミュニケーションがとれる人のことである。公的機関は、職員自身のネットワークづくりの能力を個人のレベルにとどめないで、機関同士のネットワークに発展させ、職員が交代してもコミュニケーションが保てることが重要である。

（6）指導場面でのコミュニケーション

　公的機関に働く職員のコミュニケーション力は、基本的には来所者、他の機関の担当者、同僚の職員との直接的な対話の場面でその効果を発揮する。しかし、それ以外にもコミュニケーション力が役立つ場面は多い。その1つは指導的場面である。

　それぞれの地域の公的機関では、個々の住民の要望に応えるという直接的サービスを行うだけでなく、その機関が住民に対して指導的役割を果たすことで、住民の生活に貢献することも重要な機能である。

　指導場面として、ハローワークにおける雇用保険受給者への説明会を取り上げて、コミュニケーション能力と基本の重要性を考えてみたい。

雇用保険を受給したい人は、失業中の収入源として保険金を受給したいと望んでその説明会に出席する。情報・指導の送り手である職員は受け手の状況を考えて、資料や指導の仕方全体を配慮する必要がある。その上で、実際の説明では受け手の否定的な先入観をなくすことに気を使い、内容が相手に伝わっているかどうかを確認しながら進めることが必要である。いわゆる双方向コミュニケーションなのである。

　説明場面でも適宜時間を区切って、「今まで○○○○についてご説明しましたが、不明なことはないですか」と言いながら参加者（受け手）の顔を見渡し、通じているかどうかを観察する必要がある。その上で、どうも伝わっていないようなら要点だけでも繰り返すとよい。

　住民と職員の間に日ごろのコミュニケーションがあれば、困難な指導的場面を効果的に進めることができるはずである。相互の信頼を高めて協力し合うことは、公的機関で働く職員が進んでコミュニケーションをとらなければ起こり得ないことである。

　コミュニケーションの1つとして、公的機関における来所者とのコミュニケーションについて、かなり詳しい解説を試みた。先に述べたように公的機関といってもそれぞれに特徴があり、来所者も様々なのである。かなり乱暴な取り上げ方だったかもしれないが、ここで指摘したポイントは役立てていただけるのではないかと期待している。

　また、来所者とのコミュニケーションを成功させるためには、それぞれの機関で働く職員間のコミュニケーションを豊かにしておくことが最も重要なことであることを付け加えておきたい。1人の職員の親切な対応がその機関全体の評価を上げるし、その逆も起こるのが公的機関の宿命ともいえる。

メンタルヘルス支援において

　コミュニケーション能力は短期間、長期間を問わず、生きる場と時間を共有する人々が、そこでよりよく生きるためには不可欠なものである。しかし現実には、コミュニケーションがうまくいかない場合も多い。ときには能力を発揮できずに命を落とすことにもなる。コミュニケーション能力は、自然と身に付くものではなく、育成するものである。多様な人たちがともに生きる場面においては、コミュニケーションを促進する、あるいは支援する人が必要となる。そこで最後に、メンタルヘルス支援とコミュニケーションを取り上げておきたい。

　本書でいうメンタルヘルス支援は、メンタルヘルスを専門とする人たちだけを対象としているわけではない。心の健康の保持には全ての人が関わっている。まずは、自分のメンタルヘルスを向上させるために努力する必要があると同時に、他の人たちの「心の健康」にも貢献しなければならない。

　メンタルヘルスは、基本的に相互の信頼関係の上に成り立つが、信頼できる人間関係は言葉でいうほど簡単にできるものではない。関係する人たちの間でコミュニケーションを積み重ねることで、可能となる。むしろ、コミュニケーションの積み重ねを繰り返しながら、信頼の大切さを理解し、信頼できる人間関係がつくり上げられる。その過程を通して、人々の心の健康は保持されるといえるだろう。

（1）メンタルヘルスとは

　メンタルヘルスという言葉は、日本社会では既に一般語となっているので、あらためて「メンタルヘルスとは何か」を問う必要はないと思われるかもしれない。しかし、一般的な使われ方がコミュニケーショ

ンを困難にする恐れもある。街の中の会話やマスコミ等で、「あの人はメンタルの問題をもっているらしい」とか「メンタルヘルスに気を付けなければならない」などという表現を耳にすることがある。そのような使われ方をするとき、メンタルヘルスとは、既に精神的に問題があるとか不適応状態を言外に意味している場合が多い。このような解釈が一般化しているとすると、ここで取り上げる内容のコミュニケーションをすることは困難となる。誤解を回避するために、まずメンタルヘルスという言葉の意味を正確に定義しておきたい。

　メンタルヘルスとは文字どおり「心の健康を保つこと」である。心の健康の意味を誤解しないためには、「健康」の意味を把握しておくことが大切なのである。

　ＷＨＯ（世界保健機構）は健康を「完全に肉体的、精神的及び社会的に良い状態であり、単に疾病又は病弱の存在しないことではない」と定義している。健康な組織づくりという視点から、働く人々のメンタルヘルスに関わっている臨床心理士の大庭さよは、「どこまでが健康で、どこまでが不健康であり、病気なのかを区別することは難しい。その上に状態も揺れ動く。大事なことは、『こころの健康』を、健康な状態から病気の状態までの様々な段階を含んでいる『連続体』としてとらえることである。それをより健康なほうにいくようにすること、それが『こころの健康を保つ』ということである」と言っている。

　メンタルヘルスは病気への対処から、病気を予防し、より健康になることを目指す。専門家の間では、従来の「精神衛生」に代えて、「健康保健」という訳語を当てるようになってきた。

　全ての人にとって、心の健康を保つことを困難にしているのが、職場や家庭、地域など、生活の場における人間関係の悪化やコミュニケーション不足である。また、ストレスフルな社会といわれるように、激しい環境の変化がもたらす「ストレッサーの増加」だということは誰

もが認めている。

　ストレスフルな社会にあって、精神の健康を妨げるストレスの原因を完全に排除することは困難である。しかし、1人ひとりが自分のメンタルヘルスをマネジメントする能力を育てることで、メンタルヘルスを促進できる。現代社会にあってコミュニケーションの不足が、ストレスフルな状態に陥る一因となり、その結果として精神的な不健康状態が進むとするなら、メンタルヘルスの向上に不可欠な対処方法は、1人ひとりがコミュニケーション能力を育て、コミュニケーションができるようになることである。

（2）ストレスとメンタルヘルス

　ストレスという用語は、もともと心理学用語でも精神医学の用語でもない。工学・物理学の分野において、ある物体に対して外界からある力が加わることで、その物体の中に生じる「ゆがみの状態」を指す。それをハンス・セリエ（Selye, H.）が生物体にみられる同様の状態に応用したのである。

　生物体の場合も、外から何らかの刺激（例えば病原菌）が加わったとき、その刺激に対して特異な反応（例えば発熱）をする。これは生

物体にとっては防衛反応の1つであり、あまりに刺激が強くなって防衛しきれなくなると病気になる。一般には、個人に対して外界から加わった刺激のことも、その結果経験するひずみの状態も含めて広くストレスという言葉で表現している。

　心理学では、個人が経験する外的刺激（外部から加わる力）で、その個人がネガティブなものと評価するものを「ストレッサー」、あるいは「ストレス源」と呼ぶ。そのストレッサーによって個人の中に生じたネガティブな反応を「ストレス反応」と呼び、このような一連の状態にあることをストレス状態と呼んで区別している。そして、ストレッサーを低減するために行われる心理的・行動的努力のことを「ストレス対処」と呼んでいる。

　個人にネガティブな影響を与える刺激は、少ないに越したことはない。しかし、人間が社会の一員である限り、外部からのネガティブな刺激を完全に取り去ることはできない。また、同じ刺激に対しても反応の仕方や程度は人によって異なる。つまりストレス状態とは、個人と環境の両方の相互作用の結果であり、両方が影響を受けるものだと考えられる。

　「何がストレスのもとになっているのか？」と、自分のストレス状態について真正面から考え、ストレス源に気付き、それに対処しようとするのは精神的に効果がある。そうすることで、まずはストレス状態を軽減することができる。さらに、ストレス源を活力に換えて、もっとプラスの効果を上げることが期待できる。例えば、ストレス源に気付き、それと対処する過程で、今まであまり会話をするきっかけのなかった人と話すことができたり、同じような課題を抱えている人に出会ったりして、新たな人間関係をつくることができるかもしれない。

　このように、ある人がストレス状態をプラスに変えられた状態をみて、他の人々は「あの人のストレスは良いストレスだ」と言う。しか

し、それはストレス源の内容ではなく、その人が積極的なストレス対処の行動がとれたということなのである。

　ストレスは個人の認知と対処の仕方で、プラスの効果をもたらし得るが、だからといって個人が所属する企業などの組織が何も対策をとらなくて良いというわけではない。個人の努力には限界がある。所属組織として必要なことは、職場の物的・人的環境諸要因の中で、多くの働く人々がストレッサーと認識する要因を把握し、それらを削減する方策を実行することである。ストレス反応を起こして職場不適応になる人が出てから原因を探るのでは遅すぎる。

　筆者は「OSI職業ストレス検査」を用いて、職場のストレス源と従業員ストレス反応の関連について一連の研究を行った。1つの研究では同一事業所内における部門別及び季節別の従業員のストレス状態を調べた。整備・点検を主業務とする工務部門の従業員の繁忙期と閑散期の結果を比較すると、図6-4、6-5に示すように、繁忙期（7月）と閑散期（1月）では明らかに違いが見出された。繁忙期において、従業員は職務の過重感や不十分感を特に強く感じ、ストレス反応が高まること、また周りの人との葛藤はないが、積極的な支援も得られなくなると感じていることに注意を払い、職場の人間関係を保つための時間をつくったり、上司から部下へと積極的にコミュニケーションをとるように配慮することが必要だといえる。

（3）ストレスへの対処としてのコミュニケーション

　ストレス対処はコミュニケーションだけではなく、それぞれ自分にあった対処行動をもつことが望ましいが、対人関係がストレッサーとなるケースは非常に多い。組織においても然りである。なぜなら組織では、考え方、感じ方、習慣、好み、能力、ライフスタイル、経験、利害関係、地位、仕事への意欲、そして年齢、性別などで一人ひとり

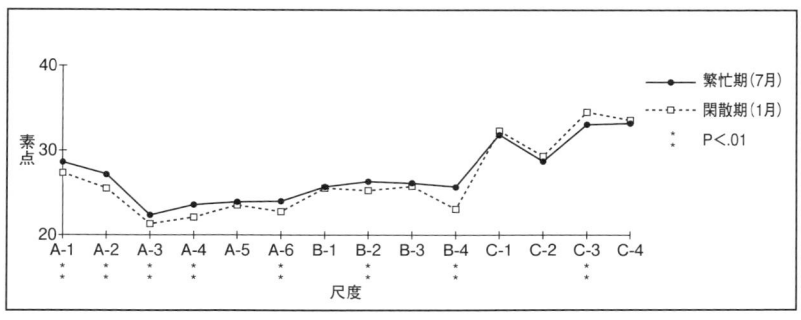

図 6-4　某石油化学コンビナート・工務部門における季節変動

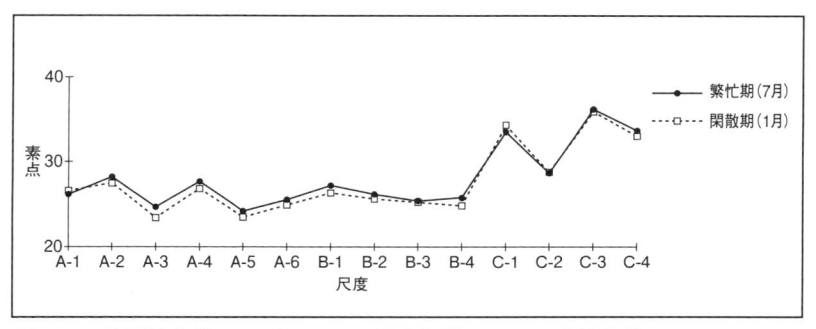

図 6-5　某石油化学コンビナート・研究部門における季節変動

異なる多様な人たちが組織の目標達成のために協力しなければならないからである。

　「転職したい」という若者の話を聴いていると、初めは「仕事が自分に合わない。適性がない」などと、仕事の内容と自分との相性を問題にする。話が進むにつれて、上司の指示の仕方の不満とか、同時入社の人との比較からくる不平等感などが原因となっていることが多い。そういう若者に限って職場に話し合える同僚や先輩がいなかったり、指導力のない上司の元に置かれていることが多い。

　つまり、職業生活を始めたばかりの若者のストレス源の多くは、仕事の内容ではない。人間関係に恵まれた者は少しぐらい仕事の内容が合わなくても意欲が高められ、成果を上げることができる。逆に能力

はあっても人間関係が悪いと、能力が発揮できないまま終わってしまうことになりやすい。ストレス状況を回避するために、転職という道を選ぶ若者が増加してきている現状をみると、本人のコミュニケーション能力とともに、職場の上司のコミュニケーション能力が職場適応の鍵だということを強く認識させられる。

　ストレス対処は、働く人自身の対処能力向上への努力を負うのは確かだが、組織としてもストレス源を低減させる努力を惜しまない姿勢が必要である。

　前述した研究結果から明らかなように、従業員のストレス状況は、繁忙期と閑散期で異なる。しかし、従業員のメンタルヘルスを重視するために、繁忙期と閑散期をなくすことはできないから、繁忙期には例えば作業中などのわずかな時間を活かして、コミュニケーションを深めることは効果があり、環境改善も図れるのである。

　職場内で自由な会話・雑談を許す雰囲気をつくり、上司が気楽に積極的に語り掛けていくことで個々の従業員のストレスを軽減させたり、ストレス源を避ける。またストレス反応の高まっている人に気付くなどの機会をつくることがメンタルヘルスに役立つだろう。

　最近の職場は、電子メールによる情報の伝達などが普通になっており、人対人のコミュニケーションの機会は減少の一途をたどっている。上司もコミュニケーションをパソコンを通して行うことも少なくないだろう。しかし優れた技術が導入されればされるほど、直接人と人が接触する機会をつくる努力が必要である。

　かつてネイスビッツ（Naisbitt, J.）が「メガトレンド」の中で主張した「ハイ・テク＝ハイ・タッチ原理」は傾聴に値する。彼は、ハイテクのロボットとＱＣサークル（仕事に関する問題点やその解決策を話し合うグループの共存）の増加や、原子力プラントなどの高度な技術システ

ムの事故原因が、そのシステムを維持する体制の無視にあったという例をいくつも挙げて、技術が高度化すればするほど、それを維持する人間集団が必要になることを指摘した。新技術の導入は、人と人との直接的接触、コミュニケーションの重要性をますます増大させてきていることは明らかである。

　これからもストレス反応の変化の波はますます押し寄せてくることが予想される。組織運営の責任者にとっては、組織の財産である従業員の健康確保は人道的にも管理者の責務であり、また働く人にとっては自己の健康保持は自己の責任である。従業員個々人にとっても管理職にある者にとっても、コミュニケーション能力は組織運営の礎として、また避けられない様々なストレスに対処する武器となることは明らかである。

参考文献

＊日本能率協会総合研究所「家庭内コミュニケーションに関する調査」2009

＊厚生労働省「平成 19 年労働者健康状況調査」

＊深田博巳「インターパーソナル・コミュニケーション」北大路書房、2009

＊ Berlo, D. K.（布留武郎他訳）「コミュニケーション・プロセス」協同出版、1976

＊ DeVito, J. A. The interpersonal communication book. Harper & Row Publishers, 1986

＊福原眞知子・アイビイ, A.・アイビイ, M. 著『マイクロカウンセリングの理論と実践』 風間書房、2004

＊齊藤勇・藤森立男編著「経営産業心理学パースペクティブ」誠信書房、1994

＊ Bolton, R.（米谷敬一訳）「ピープル・スキル」宝島社、2010

＊齊藤勇「対人感情の心理学」誠信書房、1990

＊蘭千壽「好意・恋愛・友情」（星野命編「対人関係の心理学」所収）日本評論社、1998

＊宮原哲「入門コミュニケーション論」松柏社、1992

＊星野欣生「人間関係づくりトレーニング」金子書房、2003

＊鷲田清一「『聴く』ということの力」阪急コミュニケーションズ、1999

＊三隅二不二「リーダーシップ行動の科学」有斐閣、1984

＊ Fiedler, F. E.（山田雄一訳）「新しい管理者像の探求：リーダーシップの有効性」産業能率短大出版部、1970

＊ Likert, R. 三隅二不二訳）「経営の行動科学」ダイヤモンド社、1964

＊ Burke, W. W.（小林薫他訳）「『組織開発』教科書」プレジデント社、1987

＊ Maslow, A. H.（小口忠彦訳）「人間性の心理学」産業能率大学出版部、1971

＊高橋浩「新しい教育訓練ゲーム」日本経営協会総合研究所、1994

＊高橋克徳他「不機嫌な職場」講談社現代新書、2008

＊「ＯＳＩ職業ストレス検査」雇用問題研究会

索引

[数字・アルファベット]
5W1H ……………………………………………………… 9
DV ………………………………………………………… 11
ICT ……………………………………………………… 8
OSI職業ストレス検査 ……………………………… 204
PM理論 ………………………………………………… 161

[ア行]
アイデンティティ ……………………………………… 32
アクティブ・リスニング（active listening）……… 78
アサーション ………………………………………… 24
アサーティブ ………………………………………… 71
アルベルティ（Alberti, R. E.）……………………… 68
アレン・アイヴィ（Ivey, A. E.）…………………… 85
受け手 …………………………………………………… 29
エモンズ（Emmons, M. L.）………………………… 68
送り手 …………………………………………………… 29

[カ行]
カール・ロジャーズ（Rogers, C.）………………… 82
カウンセラー ……………………………………… 67, 90
カウンセラーの態度 ………………………………… 82
関わり行動 …………………………………………… 87
過程 …………………………………………………… 28
家庭内暴力 …………………………………………… 11
感情の反映 …………………………………………… 87
聴き方 ………………………………………………… 89
聴く力 ………………………………………………… 77
記号化 ……………………………………………… 34, 53
ギブアンドテイク …………………………………… 118
基本的傾聴の連鎖 …………………………………… 86
共感的態度 …………………………………………… 84
共感的理解 …………………………………………… 84
協議・交渉 …………………………………………… 98

クライエント中心 ………………………………………… 83

グループ・ダイナミックス ………………………… 107, 160

傾聴 …………………………………………… 78, 85, 121

権威的価値 …………………………………………… 15

権限 ………………………………………………… 100

言語的記号 …………………………………………… 53

言語的コミュニケーション ………………………… 82

言語的手段 …………………………………………… 36

効果 ………………………………………………… 29

公的機関同士のコミュニケーション ……………… 198

公平 ………………………………………………… 185

交流分析（ＴＡ）…………………………………… 24

コーチング ………………………………………… 24

心の防衛機制（メカニズム）……………………… 58

コミュニケーション・ツール ……………………… 13

コミュニケーションのメカニズム ………………… 77

コミュニケーションの目的 ………………………… 31

［サ行］

サービスの向上 …………………………………… 188

叱る ………………………………………………… 106

ジコチュー（自己中心）…………………………… 16

指示的カウンセリング ……………………………… 83

指示・命令 ………………………………………… 98

実存的ストレス …………………………………… 23

社会生活技能トレーニング（ＳＳＴ）…………… 24

条件即応理論 ……………………………………… 165

職務 ………………………………………………… 100

信憑性 ……………………………………………… 110

心理学的法則 ……………………………………… 57

ステレオタイプ …………………………………… 189

ストレス源 ………………………………………… 203

ストレス対処 ……………………………………… 203

ストレス反応 ……………………………………… 203

ストレッサー ……………………………………… 203

スマホ依存症……………………………………… 13

精神的ストレス …………………………………… 22

責任　…………………………………………………… 100

積極的傾聴 ………………………………………………… 78

説得　……………………………………………………… 98

専制的リーダー　……………………………………… 108

先入観　…………………………………………………… 79

相談　……………………………………………………… 98

組織開発　……………………………………………… 169

［タ行］

対人感情　……………………………………………… 135

対人感情の円環モデル　……………………………… 135

態度　…………………………………………………… 109

態度（構え）　…………………………………………… 57

チームワーク　………………………………………… 169

チームワーク・ゲーム　……………………………… 179

「知」「情」「意」　………………………………………… 32

チャンネル　………………………………………… 29, 62

沈黙　……………………………………… 154, 169, 193

デヴィートゥ（DeVito, J. A.）　……………………… 30

テレワーカー　…………………………………………… 14

統制性　………………………………………………… 110

閉ざされた質問　………………………………………… 87

［ナ行］

中島梓　…………………………………………………… 16

人間関係　…………………………………………… 17, 66, 84

人間関係の希薄化　……………………………………… 12

人間関係の質　…………………………………………… 84

ネイスビッツ（Naisbitt, J.）　……………………… 206

［ハ行］

ハーバーマス（Harbermas, J.）　………………… 66, 78

バーロー（Berlo, D. K.）　……………………………… 30

話す力　…………………………………………………… 77

ハロー（光背）効果　…………………………………… 58

パワーハラスメント　…………………………………… 9

ひきこもり　……………………………………………… 11

非言語的記号 …………………………………………………… 55
非言語的手段 …………………………………………………… 36
非指示的カウンセリング ……………………………………… 83
表現手段 ………………………………………………………… 60
平等 ……………………………………………………………… 185
開かれた質問 …………………………………………………… 87
フィードバック ………………………………………… 44, 107
フィードバック・プロセス …………………………………… 44
深田博巳 ………………………………………………………… 29
ブレインストーミング ………………………………………… 123
フロイト（Freud, S.） ………………………………………… 58
褒める …………………………………………………………… 106

［マ行］

マイクロ・スキルズ …………………………………………… 85
三隅二不二 ……………………………………………………… 161
魅力性 …………………………………………………………… 111
明確化 …………………………………………………………… 83
メッセージ ………………………………………… 29, 34, 53
メンタルヘルス ………………………………………………… 200
モラルハラスメント …………………………………………… 9

［ヤ行］

ヤマアラシ・ジレンマ症候群 ………………………………… 17
ヤマアラシのジレンマ ………………………………………… 17
要約 ………………………………………………………… 81, 87

［ラ行］

来所者とのコミュニケーション ……………………………… 190
リーダーシップ ………………………………………………… 160
リッカート（Likert, R.） ……………………………………… 169
レビン（Lewin, K.） …………………………………………… 160
ロールプレイ …………………………………………………… 90

あとがき

　本書の改訂に当たり、初版「コミュニケーション力」を改めて読み返しました。執筆している時にはそれほど重視していなかったのですが、当時の社会的背景が本の構成や内容に大きく影響していることを認識しました。初版の内容が古くなったというわけではありません。初版で取り上げたことは特に基本的な内容でしたので、今後も通用すると思います。

　しかし、コミュニケーション力の必要性が、堂々と社会の多様な場面で叫ばれるようになったことは、13 年前とは大きな違いだと思います。そして、コミュニケーションの重要性に応えるという意味からでしょうか、コミュニケーショ力を付けるワークショップや研修会が盛んに行われています。また、上手なコミュニケーションの取り方といったハウツー本も多数出版されています。

　ある言葉が流行し、多くの人の間で使われるようになると、いつの間にかその言葉の本来の意味が薄れたり、新たな解釈が加わったりするのも世の常です。「コミュニケーション力」という言葉も例外ではないように思えます。「今の若者にはコミュニケーション力が不足している。どうしたものか」という議論をしている時、発言者の言わんとすることが、こちらと同じ現象や言動を指しているとは限らないという経験がよくあります。つまり、議論の目的である「コミュニケーション力のある若者像」もそれぞれ異なるということです。就職活動準備のためにコミュニケーション力向上の手引きを使ったからといって、若者が職業人となったときに、本当に役立つ力を付けられたかどうかは疑わしいものもあります。

　「今、求められているコミュニケーション力とは何か」ということ

を疑問に思うことがあります。コミュニケーション力の必要性は「人はみな異なる。異なるがゆえに尊重し合うことが、社会を築くために不可欠である」という理念を背景としていると思います。

　コミュニケーション力が注目される社会において、私たちは、改めてコミュニケーションについてきちんと定義し、必要とされる背景を多角的、かつ客観的にとらえ直す必要性があると感じました。さらに、コミュニケーション力を育てることは、「多様な人がお互いを尊重し合い、共に生きる社会を築く基盤である」という視点から、実践例も取り上げる必要があると考えました。

　最後になりましたが、本書の出版に当たり、私たちのこのような意向を快諾くださった（一社）雇用問題研究会の皆様の忍耐深いご協力に心より感謝申し上げます。

著者紹介

渡邊　忠（わたなべ　ただし）

1945年　東京都生まれ。東京大学文学部心理学科卒。上智大学カウンセリング研究所専門カウンセラー養成課程修了。財団法人鉄道総合技術研究所 研究主幹を経た後、文教大学人間科学部 教授を務め、退任後は社団法人日本産業カウンセラー協会 参与、東日本旅客鉄道株式会社 安全研究所 技術アドバイザー、文教大学人間科学部 非常勤講師を歴任。

主な著書（共著）：「カール・ロジャーズと共に」、「エンカウンター・グループから学ぶ」、「産業カウンセリングの理論的な展開」（現代のエスプリ）、「人間科学としての臨床心理学」、「パーソンセンタード・アプローチの挑戦」など

執筆担当：第1章、第2章、第3章、第5章第1・2節、第6章第1節

渡辺　三枝子（わたなべ　みえこ）

筑波大学 名誉教授

1943年　岐阜県生まれ。上智大学大学院博士課程（心理学専攻）単位満了。米ペンシルバニア州立大学大学院博士課程修了。雇用職業総合研究所（現・（独）労働政策研究・研修機構）職業適性研究部 第一研究室長を経て、明治学院大学文学部 教授、筑波大学大学院人間総合科学研究科 教授、同キャリア支援室長、立教大学大学院ビジネスデザイン研究科 教授を歴任。

主な著書（共著）：「新版 カウンセリング心理学」、「キャリアカウンセリング入門」、「新版 キャリアの心理学」、「キャリアカウンセリング再考」、「キャリアカウンセリング実践」、「ワーキング心理学」（監訳）、「人間の仕事」（監訳）など

執筆担当：第4章、第5章第3節、第6章第2・3節

コミュニケーション力
～人間関係づくりに不可欠な能力～

初　版1刷	平成23年11月
2訂版1刷	令和6年8月

著者	渡邊 忠・渡辺三枝子
発行	一般社団法人 雇用問題研究会
	〒103-0002 東京都中央区日本橋馬喰町1-14-5 日本橋Kビル2階
	電話　03-5651-7071　　FAX　03-5651-7077
	URL　https://www.koyoerc.or.jp
印刷	株式会社印刷アド

210185

本書の内容を無断で複写、転載することは、著作権法上での例外を除き、禁じられています。また、本書を代行業者等の第三者に依頼してスキャンやデジタル化することは、著作権法上認められておりません。

ISBN 978-4-87563-272-6